SV

E. M. Cioran
Über Deutschland

Aufsätze
aus den Jahren 1931-1937

Herausgegeben,
aus dem Rumänischen übersetzt
und mit einer Nachbemerkung versehen
von Ferdinand Leopold

Suhrkamp

Trotz sorgfältiger Recherchen konnten nicht alle Rechteinhaber ermittelt werden. Berechtigte Ansprüche bitten wir an den Verlag zu melden.

Druck: Memminger MedienCentrum AG
Printed in Germany
Erste Auflage 2011
ISBN 978-3-518-42197-0

1 2 3 4 5 6 - 16 15 14 13 12 11

Inhalt

Über Deutschland

Oskar Kokoschka

Wenn Picasso für unsere Zeit (worunter wir die letzten Jahrzehnte verstehen) wegen der Beweglichkeit und des proteischen Geistes charakteristisch ist, womit er eine ganze Reihe von Strömungen durchläuft, außerstande, einen geistigen Halt zu finden, ist Kokoschka kraft Angst und Aufwirbelung, denen er einen dramatischen Ausdruck gegeben hat, nicht weniger repräsentativ. Es gibt in seinem ganzen Werk eine unausgesetzte Unbefriedigtheit, eine Weltangst, ein Grauen vor der Zukunft, die den Eindruck vermitteln, daß in Kokoschkas Vision der Mensch nicht der Welt entspringt, sondern verwirrt in ein seiner Art fremdes Dasein gestürzt ist. Die Angst ist dermaßen stark, daß sie selbständig, als autonomer Ausdruck, wobei der sie erlebende Einzelne lediglich Sinnbild für einen wesenhaften Seelenzustand wird, Bedeutung gewinnt. Nur in diesem Sinne kann man bei Kokoschka von abstrakter Kunst sprechen, wobei wir uns auf die Absolutsetzung des Ausdrucks beziehen, nicht auf formale Reinheit oder linearen Schematismus. Denn es ist die Eigenart dieser Kunst, daß sie das Lineare bis hin zur Verneinung einschränkt. Es ist nur dort vorhanden, wo ein Ausdruck oder ein Erleben Form annimmt, wo es eine Entsprechung zwischen formalen Begrenzungen und objektiviertem Inhalt gibt.

Die Anwesenheit des Linearen zeigt fast immer inneres Gleichgewicht, innere Beherrschtheit und mögliche Harmonie. Es ist ein geschlossenes Dasein, das Ressourcen und Möglichkeiten in sich selbst findet. Die klassischen Epochen haben stets ein Aufblühen des Linearen gekannt. Wo die Linien verschwinden und der Umriß trügerisch wird, dort wird jedes Ideal des Klassischen unmöglich. Das anarchisch gewordene Bewußtsein Kokoschkas (den wir hier nur als Maler, nicht als Dramatiker betrachten) hat den seelischen Halt des Menschen zerstört und uns diesen als Gefangenen im Wirbeln eines Chaos gezeigt. Qual und innerer Wirbel werden für die Außenwelt grundlegend. Es ist also nicht allein ein inneres Chaos, sondern auch ein äußeres. In dieser Hinsicht ist Kokoschka kein Einzelfall. Ich kann über diese Dinge nicht reden, ohne daß vor meinen Augen das faszinierende Gemälde *Apokalyptische Landschaft* von Ludwig Meidner[1] erscheint, das die Vision einer Welt darstellt, in der die Gegenstände ihre normale Einbettung verlassen haben, um sich in einen absurden Elan zu stürzen, in dem das Chaos Norm und der Wahnsinn Absicht ist. Diese Apokalyptik ist nicht religiös, sie weist nicht auf einen Erlösungsvorgang, sondern ist die Frucht der Verzweiflung. In dem Dunkel, das durch diese Vision enthüllt wird, erscheint kein Licht, ebensowenig wie in der von Verzweiflung erfaß-

1 *Apokalyptische Landschaften,* mehrere Fassungen seit 1913.

ten Seele die Hoffnung auf Erlösung auftritt. Kokoschkas Kunst ist ein Ausdruck des Seelenzerfalls. Findet hier die Abwesenheit des Linearen nicht ihre tiefere Rechtfertigung? Seelenzerfall verschmäht die formale Konsistenz und hebt jeden Umriß auf. Dafür ist Fluidität des Malerischen, Ineinanderdringen der Elemente in einer qualitativen Kontinuität und Mobilität nötig. Jedoch hat das Malerische hier zu paroxystischem Ausdruck gefunden. Bis jetzt stellte es eine Art und Weise dar, Nuancen hervorzuheben, worin das Individuelle an einem qualitativen Ganzen teilhatte, ohne eine Isolierung in jenem Ganzen darzustellen. Bei Kokoschka gibt es eine Auflehnung, eine Ausdehnung aller Elemente in irrsinniger Spannung, eine qualitative Explosion des ganzen Kontinents. Welchen Sinn hat da noch das Gleichgewicht der Nuancen? Keinen. Aus diesem Grunde kann man von einem Verfall des Malerischen in der Malerei der letzten Jahrzehnte sprechen, der dem Linearen die Möglichkeit zum Wiedererstarken geben wird, einem Wiedererstarken, wie es in den neuen Tendenzen der funktionalen Architektur sichtbar ist.

Die Unzulänglichkeiten der formalen Technik in Kokoschkas Werk hängen nicht, wie irrtümlicherweise behauptet wurde, mit einer künstlerischen Unfähigkeit zusammen, sondern sind durch eine ursprüngliche Weltsicht bedingt und hervorgerufen. Der – für diese Perspektive wesentliche – Sprung ins Chaos und ins Nichts schaltet jede Problematik des Formalen aus.

Thematisch gesehen, macht *Der irrende Ritter*[1] jedwede Rücksicht auf Form zunichte. Das Schweben im Chaos, das die Substanz dieses Gemäldes bildet, enthüllt uns eine Wollust in der Verzweiflung, ein wahnsinniges Entzücken im Vorgang des eigenen Absturzes, eine Verzückung des Nichts.

Ein metaphysischer Masochismus mengt Wollust in das Phänomen des Zerfalls und findet Freude im kosmischen Chaos. Das Erleben des Nichts in der Kunst zeugt von einer vollständigen Zerrüttung des Lebensgleichgewichts. Alles, was Kokoschka geschaffen hat, offenbart ein Sichabspalten vom Leben, ein Quälen und Foltern der Lebenskraft bis dahin, wo sich die Tragödie mit der Karikatur und das Grauen mit dem Grotesken vermischt. Stete Angst ist der sicherste Weg ins Chaos und ins Nichts.

1 *Der irrende Ritter,* 1915, New York, Solomon R. Guggenheim Museum.

Erwin Reisner und die religiöse Auffassung der Geschichte

Wichtig ist ein Werk nicht nur wegen der Lösungen, die es für die Herausbildung einer Haltung oder die Überwindung eines Ungleichgewichts findet, sondern auch wegen der eigenen Art und Weise, Fragen aufzuwerfen, Zusammenhänge aufzuspüren oder Verwandtschaften aufzuzeigen. Von Belang ist in diesem Fall weniger der Inhalt, der einen Sinn enthüllt, als die Perspektive, die auf jenen Inhalt weist. Dieser Vorgang der Entzweiung, der das Konkrete und Substantielle vom Formalen und Schematischen trennt, entfaltet sich beim Lesen jener Bücher, denen man wenig verwandt ist, die einem jedoch nicht gleichgültig sein können, weil sie wesentlich sind für eine Haltung, deren Außensein gegenüber einem subjektiven und spezifischen Erleben die Anerkennung ihres Wertes nicht ausschließt. Die Betrachtungen historischer und psychologischer Art erscheinen in diesem Fall, da sie nie einer lebendigen und immanenten Teilhabe an einem Lebensinhalt oder einem Buch entspringen, als Objektivationen eines Erlebens – wobei die Teilhabe allerdings ein Ideal darstellt, dessen Verwirklichung aussichtslos ist.

Erwin Reisners[1] Buch *Die Geschichte als Sündenfall*

1 Erwin Reisner (1890-1966), Philosoph, Theologe. Geboren in Wien,

und Weg zum Gericht. Grundlegung einer christlichen Metaphysik der Geschichte (1929)[1] gehört zu den angesprochenen Büchern, die wesentlich für eine Haltung und demnach als solche von Interesse sind. Die Bedeutung Reisners besteht vor allem darin, daß er die Ungewißheiten unserer Zeit inbrünstig und tragisch erlebt, daß er zu extremen Überzeugungen gegriffen hat, um den Kompromiß zu umgehen. Der Mut zu den Ideen führt an Grenzen; nur wer innere Möglichkeiten hat, kann standhalten. Eklektizismus ist stets Anzeichen eines inneren Mangels, der Abwesenheit lebendiger Schöpferkraft, an deren Stelle ein umfassendes, aber, vom Schöpferischen aus gesehen, fruchtloses Verstehen getreten ist. Reisner hat alle Schlußfolgerungen des Antiintellektualismus gezogen. Bereits in einem vorangehenden Werk: *Das Selbstopfer der Erkenntnis* (1927) hat er gezeigt, daß der Intellekt das Organ des Problematischen und des Todes ist, daß es nur ein *Problem* gibt, nämlich das des Todes, wobei der einzige Gegenstand der Erkenntnis ebendies ist. Das Leben kennt kein Problem,

lebte nach dem Ersten Weltkrieg bis 1935 in Siebenbürgen, wo Cioran ihn kennenlernte; nach dem Zweiten Weltkrieg Professor für Systematik und Philosophie an der Kirchlichen Hochschule in Berlin. Reisners erstes philosophisch-theologisches Werk: *Die Erlösung im Geist. Das philosophische Bekenntnis eines Ungelehrten,* Wien, Leipzig 1924; sein letztes Buch erschien kurz vor seinem Tod: *Die Juden und das Deutsche Reich.* Vgl. Peter Orban, Vorbemerkung zur Neuausgabe von Reisners *Der Dämon und sein Bild,* Frankfurt am Main: Suhrkamp, 1989, S. 9-18.

1 München, Berlin: R. Oldenbourg, 1929.

denn außerhalb seiner ist nichts. In seinem neuen Werk erklärt er, die philosophische Denkweise sei dadurch gekennzeichnet, daß sie den Mangel der Dinge an unmittelbarem und ursprünglichem Wesen dem intellektuellen Ich zuschreibe, dem auf diese Weise bewußt werde, daß die Abwertung des Objektiven in ihm selbst liege. Das wissenschaftliche Denken beraubt die Dinge ihrer Eigenschaften, um sie intelligibel zu machen; das philosophische Denken findet, indem es über das Subjekt reflektiert, ebendarin den Ursprung der Verneinung und verneint das Subjekt, ebenso wie dieses ehedem die Gegenstände verneinte. Das philosophische Bewußtsein muß sich mit diesem Ich befassen, das verneint und das sich selbst verneint, ohne einen Wert von außen anzuerkennen. Aus diesem Grunde wird jegliche Wertphilosophie unmöglich. Die Philosophie muß sich darauf beschränken, zu zeigen, daß sich alles, was negativ, des Lebendigen ledig ist, der intellektualen Apperzeption verdankt; sie muß auf diese Weise die Phänomenalität der kategorialen Naturgesetze bestimmen. Der Akt der Selbstbehauptung des Ichs in der Reflexion löst eine Wertminderung des Du, der Welt aus, das heißt der Objektivation eines ebenso gerechtfertigten, ursprünglichen Elements. Der Urzustand setzt ein Gleichgewicht zwischen Ich und Du voraus, eine Wertgleichheit, wie sie nur in der Liebe möglich ist. Durch die Subjekt-Objekt-Spaltung kam es zu Bedingendem und Bedingtem, zur Zerstörung der Eigenart des Objektiven. Darin liegt

die Illusion des Ichs, die von der Philosophie aufgezeigt werden muß. Der ganze Sinn der philosophischen Haltung besteht in diesem Verzicht auf Selbsttäuschung und in der Überzeugung von der Unmöglichkeit der existentiellen Tat. Die Geschichte geht aus dem Zusammenbruch des Urgleichgewichts hervor, aus dem Vorgang des Auseinanderstrebens der ursprünglich ungeschiedenen Elemente. Sie ist nichts als ein Weg des Ungleichgewichts. Die Geschichte ist, wie Reisner sagt, der achte Tag, der auf den Sündenfall folgte. Der paradiesische Zustand setzt Harmonie zwischen Gott und *Du* voraus, die nicht kalte, transzendente Objektivität bedeutete, sondern in einem immanenten, auf struktureller Gleichheit beruhenden Einssein mit dem Ich bestand.

Diese Perspektive der Geschichte ist der gewöhnlichen entgegengesetzt. Auch der Historiker geht unbedingt von der Vorstellung einer ursprünglichen Gleichartigkeit und Ungeschiedenheit aus; die Divergenz zwischen der religiösen und der gängigen Vision erscheint erst, wenn die Frage der Wertung aufgeworfen wird. Denn wenn in der religiösen Auffassung der Urzustand einer der Vollkommenheit, der vollendeten Einheit, der paradiesischen Harmonie ist, so sind dies der historischen Auffassung nach Dinge, die sich erst im Verlauf des geschichtlichen Lebens entwickeln. So hat beispielsweise die Freiheit in der gängigen Auffassung nur insofern einen Sinn, als sie sich in einem fortschrei-

tenden Vorgang verwirklicht. Reisner zufolge, der die in der religiösen Metaphysik des Christentums herrschende Auffassung von der Geschichte zusammenfaßt, werden alle Vorstellungen, Ideale und Werte, die wir in die geschichtliche Vergangenheit oder in die Zukunft projizieren, aus dem historischen Rahmen in das der Geschichte vorausgehende Phänomen verlegt. Der Ursprung der Geschichte besteht in der Sünde. Deshalb ist die Bedeutung der Geschichte die einer Sühnung. Die Sünde Adams ist nicht die eines Einzelnen; wir alle sind Adam. Im Augenblick seines Sündigens ebenso wie in dem seines Todes erscheint Adam sich selbst nicht als Einzelperson, sondern er fühlt sich in Raum und Zeit, in die Vielfalt sterblicher Einzelner verstreut. Der Sündenfall bringt wegen der Teilhabe am Zeitstrom den Verlust der Ewigkeit mit sich. Aus der Phänomenalität leitet die Zeit den Phänomenalismus der Geschichte her.[1] Für Reisner, wie für jeden religiösen Menschen, ist

1 E. Reisner, *Die Geschichte als Sündenfall und Weg zum Gericht. Grundlegung einer christlichen Metaphysik der Geschichte,* München, Berlin 1929, S. 175-180, besonders S. 176: »Die philosophia perennis, der wir entgegengehen und die heute bereits da und dort aufzudämmern beginnt, ist also der Phänomenalismus der Zeit, oder was dasselbe bedeutet, der Phänomenalismus der Geschichte.« – S. 178: »Die Schöpfung des Unten, der Ferne und der Zeit kehrt sich im Phänomenalismus der Geschichte gegen ihn allein. Dieser letzte Phänomenalismus schließt, da ja die Zeit das umfassendste objektive Prinzip ist, alle bisherigen phänomenalistischen Systeme in sich ein.« – S. 179: »Der vollendete Phänomenalismus der Zeit, der tatsächliche Augenblick des Erwachens kann selbstverständlich nicht das Endglied einer Geschehniskette sein, gehört überhaupt nicht der zeitlichen Welt an, sondern bedeutet den Einbruch der Ewigkeit in die Zeit bzw. die ne-

die Neigung kennzeichnend, die Zeit zu überwinden, über sie hinauszugehen. Der religiöse Mensch liebt das Werden als solches nicht, dessen irrationales Fließen, den immanenten Vorgang stetiger Entfaltung, die Dämonie des Schöpfens und Zerstörens ohne transzendente Letztbestimmung. Das Erleben im Augenblick, in der Gegenwart, denn Augenblick und Gegenwart erwachen im noumenalen, zeitlos verwirklichten Gefüge des Werdens zum Leben – dies ist das Ziel des religiösen Menschen. Die religiöse Kontemplation lebt den Wert um seinetwillen, jenseits der Relativität. Das Leben in der Zeit, in der Geschichte ist ein Leben im Relativen. Religion hat nur insoweit Sinn, als sie jenseits der Geschichtlichkeit liegt. Diese Ansicht Karl Barths beruht auch darauf, daß die Religion, wenn sie im Bewußtsein ihrer historischen Einbezogenheit als eine zeitlich verwirklichte Gegebenheit gelebt wird, ihr Wesen und ihren metaphysischen Sinn verfälscht. Die Trennung, die Reisner zwischen Religion und Zivilisation vornimmt – und die für die dialektische Theologie charakteristisch ist (Barth, Gogarten, Brunner) –, ist sehr bezeichnend. Er weist Spenglers Auffassung von dem polaren Gegensatz zwischen Kultur und Zivilisation zurück.[1] Die Kultur ist ein Kompromiß. Sie ist Halbreligion, Halbzivili-

gative Ansichtsseite dieses Einbruches, das heißt der Wiederherstellung des Anfanges, der gleichfalls nichts mit der Zeit zu tun hat.«

1 E. Reisner, *Die Geschichte als Sündenfall und Weg zum Gericht,* München, Berlin 1929, S. 77f.

sation. Inmitten einer technischen Welt schafft sie Werte als eine Art Entschädigung, als Ausgleich für etwas Verlorenes, für dessen Rückgewinnung und Wiederherstellung ein größeres und radikaleres Opfer erwartet wird. Die Kultur entsteht in dem Augenblick, da sich der Mensch genötigt sieht, ein Opfer zu bringen; sie vollzieht das Opfer jedoch nicht vollständig. Der Verfallsgrad der Menschheit zeigt auch den Grad an Kultur an. Zivilisation und Religion befinden sich jedoch in einem unversöhnlichen Dualismus. Während Religion auf die Ewigkeit weist, ist Zivilisation reine Zeitlichkeit. Die Religion setzt Dienen voraus, die Kultur Schöpfung, die Zivilisation – Arbeit.

Im Verfolg des geschichtlichen Vorgangs unterscheidet Reisner drei klassische Epochen, deren Eigenart er nach dem Verhältnis zu Gott, zum Du und zum Ich bestimmt.

Nach dem paradiesischen Urzustand folgt das erste klassische Zeitalter (Altertum) oder die Sünde wider Gott; das zweite klassische Zeitalter (Mittelalter) oder die Sünde wider das Du; und das dritte (der deutsche Idealismus) oder die Sünde wider das Ich.

Kennzeichnend für die Haltung des Altertums gegenüber Gott ist die Bewunderung und das Entzücken angesichts des Prometheus-Mythos. Prometheus stellt die erste illusionistische Reaktion wider die Gottheit dar. Die kollektivistische Ausrichtung hin zur Gemeinschaft, zum Ich, hat für den Menschen die Perspektive

der Transzendenz zerstört. Aber wie ist dann die Sklaverei im Altertum zu erklären? Sklaverei ist nur dort möglich, wo es keine Entzweiung von Ich und Du gibt, wo dem Verhältnis zum Nächsten eine tiefere Problematik fehlt. »Der ›Sklave‹ des Altertums ist gar nicht der Vergewaltigte, für den wir ihn halten. Er wäre das nur dann, wenn er unser Sklave wäre.«[1]

Im Mittelalter verliert die Gemeinschaft ihren Sinn als Vermittlerin, die den Einzelnen in seinem Aufstieg zur Gottheit fördern sollte. Wo sich die Gemeinschaft als rein irdische Institution zu verstehen beginnt, verlagert sie ihre Letztbestimmung aus sich selbst, um sie auf die Einzelnen zu beziehen. In der modernen Welt haben die Vorherrschaft der Musik, der Protestantismus, die Kantische Philosophie zu einem übermäßigen Individualismus geführt, der im Grunde die Verneinung des Individuums voraussetzt.

Wir gehen nicht auf die einzelnen Darlegungen ein, die sehr subtil und originell sind, weil sie uns über den Sinn des geschichtlichen Vorgangs, wie Reisner ihn versteht, nicht wesentlich aufklären.

Weist der historische Prozeß die Konvergenz auf, von der Reisner spricht? Ist die Bezugnahme auf einige wenige Elemente gerechtfertigt? Um diese Fragestellung genauer zu fassen, ist die Bestimmung der anthropologischen Auffassung der Religion nötig. Dieser zufolge hat

1 Ebd., S. 82.

der geschichtliche Mensch nicht als solcher – insofern er historisch ist – einen Wert, sondern nur in Beziehung auf ein metaphysisches Prinzip. Die Beziehung kann entweder individuell oder vermittels des Menschheitsprozesses hergestellt werden; nur muß dieser Prozeß, da er auf eine Letztbestimmung verweist, die Geschichte als solche überwinden. Der Mensch hat nur einen Sinn, wenn er über den Prozeß hinausgeht, wenn er nicht mehr er selbst ist. In der religiösen Anthropologie ist die Transzendierung des Menschen die Verneinung seiner selbst, seines konkreten Wesens.

Wenn Reisner über den Fall des Menschen durch die Erschaffung der Zeit und die zwangsläufige Erhebung zur absoluten Subjektivität spricht, bedeutet dies nichts anderes als die Verneinung des Menschen im landläufigen Verständnis. Für uns hat der Mensch nur insofern Wert, als er das *Bewußtsein* im historischen Prozeß hervorgebracht hat. Das Aufkommen des Bewußtseins verweist gleichzeitig auch auf den Quell des Leidens. Doch sollte nicht vergessen werden, daß die Herausgehobenheit des Menschen im All im *Auf-sich-Nehmen* des Leidens besteht. Der Mensch ist ein Tier, das sein Gleichgewicht nicht mehr finden kann. Die religiöse Anthropologie verfällt in die Paradoxie, den Menschen aus der Menschheit erlösen, ihn aus sich selbst herausreißen zu wollen. Das bedeutet nichts anderes als eine Bewertung aus der Perspektive der Transzendenz. Die Konvergenz der Geschichte ergibt sich aus einer solchen

Perspektive. Freilich faßt Reisner diese Konvergenz nicht als Ausdruck eines Zusammenzählens, einer fortschreitenden unilinearen Summierung auf wie in der rein dynamischen Vorstellung der Geschichte im Positivismus – einer falschen Vorstellung, weil sie die Kulturgefüge in ihrem Wesen, jenseits der geschichtlichen Bedingtheiten, das heißt jenseits ihrer Einbettung in eine unilineare Progression, nicht begreift –, sondern er faßt die Konvergenz der Geschichte in ihrem Verhältnis zum metaphysischen Prinzip sowie auch zum *Du* und *Ich* auf. Der Weg hin zum Gericht ist Ausdruck dieser Idee der Konvergenz.

In Wirklichkeit scheint uns die Auffassung, wonach der Mensch in der Geschichte lebt, eine Menge von Werten schafft und beide, sowohl er als auch die Werte, sterben, viel zutreffender zu sein. Über dieses Tragische des Menschen kann man nicht hinausgehen. Denn der Weg der Erlösung ist eine Illusion. Der Relativismus prägt den inneren Stil des modernen Menschen. Über diesen historischen Relativismus hat Reisner eine sehr bemerkenswerte Auffassung. Ihm zufolge wäre er nicht der Anfang einer bewundernden Haltung gegenüber der Vergangenheit, sondern das Ende jedweder Geschichte, das Ende des Glaubens an die Produktivität der Zeit und der ganzen zeitlichen Wirklichkeit. Viel einleuchtender scheint mir jedoch eine Auffassung zu sein, wonach der historische Relativismus nichts anderes sei als der Ausdruck eines Ethos der Dekadenz, das

in dem Augenblick der Agonie der großen Kulturen in Erscheinung tritt, wenn der skeptische und gelangweilte Geist – außerstande, noch zu schaffen, weil sich die Werte der Kultur erschöpft haben – in einem Perspektivismus verharrt, der das irrationale Festhalten an einem begrenzten Wertegerüst ausschließt. Die Verfallserscheinungen einer Kultur deutet Reisner als Sinnbilder des Verfalls der Geschichte. Die ersten Christen glaubten an das baldige Ende der Welt.

Sofern sie aus einem tiefen subjektiven Erleben hervorgeht und nicht nur abstrakt aufgefaßt wird, entsprang die Eschatologie niemals einer universalen Betrachtung und Perspektive. Eine innere Qual bringt Ende und Gericht dem unmittelbaren und begrenzten Lebensrahmen des Menschen näher. Die kalte Betrachtung, die den unabwendbaren Charakter des geschichtlichen Werdens, den irrationalen Kern am Grunde dieses Werdens – aus dessen fruchtbarer Irrationalität Lebensformen sprießen, ohne irgendeine Festigkeit zu erlangen, die einander nach und nach ersetzen und so das dämonische Schauspiel des geschichtlichen Lebens ausmachen, das wir alle mit Illusionen überkleiden – erkennt, diese Betrachtung erfaßt die Welt nur als Werden, das sich aus einem inneren Gleichgewicht ergibt – die Aussicht auf das Ende gibt es nicht. Und es gibt sie nicht, weil es schwerfällt, in der Irrationalität einen transzendenten Sinn zu finden.

Das eschatologische Gefühl ist mit dem Akt der Of-

fenbarung eng verknüpft. Reisner spricht von der Offenbarung am Ende. Die innere Offenbarung setzt die Aufhebung der Geschichte, das Verschwinden der Illusion der Individuation, der Zeit voraus. Die Wiederherstellung der Gegenwart durch die Überwindung der geschichtlichen Vergangenheit, die Rückgewinnung der Ewigkeit durch die Sühnung der Sünde versetzen den Menschen wieder in seinen Urzustand. Für den religiösen Menschen erscheint am Rande des Lebens das wahre Leben. Was ist aber dann der Tod? Wenn Reisner über die ägyptische Kultur als eine Kultur des Todes spricht, stellt er einen unaufhebbaren Dualismus zwischen Leben und Tod auf. Unbedingt erscheint für den religiösen Menschen das wahre Leben jenseits desjenigen, das wir das einzig wesentliche nennen, ist aber der Tod als Phänomen nicht in den Voraussetzungen des Lebens mit einbegriffen? Für Reisner wie für das Christentum ist der Tod in bezug auf das Leben transzendent, nicht immanent. Von der Auffassung der Transzendenz des Todes leitet sich im Grunde der ganze kultische Komplex des Trauerzugs her. Der Tod ist etwas, was sich zwischen einem Scheinleben und dem wahren Leben befindet und jenseits beider steht. Die Unmöglichkeit, die Todesvorstellung im Christentum genau zu bestimmen, rührt auch daher, daß der Tod eine Auflösung ist, ohne daß wir den zu dieser Auflösung führenden Weg ahnten, da auch die Hölle, nicht nur der Himmel, das *wahre* Leben darstellt. Nur das Leben

hienieden ist nicht wahr. Nun wird erklärlich, weshalb für das Christentum die Geschichte ebensowenig wahr ist. Die Geschichte darf jedoch nicht aus der Blickrichtung der Transzendenz beurteilt werden. Nur die Perspektive einer immanenten Anthropologie kann uns ihrem Gefüge näherbringen.

Dürers »Melancholie«

Von allem, was Dürer geschaffen hat, enthält jener Kupferstich, auf dem *Melencolia* eingraviert ist, die meisten Bausteine für eine reflexive Selbstbetrachtung sowie für jene Hingabe, die sich aus der Versenkung in die Stimmung eines Kunstwerks ergibt. Zu dieser Bewunderung für das genannte Werk Dürers gehört nicht die objektive, das *Formale* betreffende Beurteilung, sondern die Freude angesichts einer Schöpfung, die einem Seelenzustand als solchem Ausdruck verleiht. In diesem Falle hat die seelische Notwendigkeit Vorrang vor der technischen.

In der Melancholie entsteht eine Entzweiung, eine Trennung des Menschen von der Umwelt und vom Wirklichen im allgemeinen, kraft der Verstärkung des Bewußtseins vom Wesensunterschied zwischen Mensch und objektiver Realität.

Einsamkeit und das Gefühl der Verlassenheit haben in diesem Fall eine viel tiefere Wurzel, denn sie gehen nicht aus zufälligen Bedingtheiten oder bedeutungslosen Determinanten hervor, sondern leiten sich aus der Ganzheit unseres Wesens her. Mehr als in der bloßen Langeweile ist der Mensch in der Melancholie einsam angesichts des Daseins.

Kraft einer tiefen Intuition hat Dürer bemerkt, daß

die melancholische Haltung nur dann tiefere Bedeutung hat, wenn sich dem Blick des melancholischen Menschen eine Perspektive auf das Unendliche eröffnet. Das stete Voranschreiten, das der Vorstellung der Unendlichkeit zugrunde liegt, wodurch das Gefühl der Endlichkeit der eigenen Person bis zum Exzeß entwickelt wird, schafft den dem melancholischen Zustand günstigen Rahmen. Der irrende Blick, den alle depressiven Zustände voraussetzen, die vage und diffuse Intuition haben in einem begrenzten Rahmen mit versperrten Ausblicken keinen Sinn. Es ist nicht unnötig, daran zu erinnern, daß in den modernen Städten das Gefühl des Unendlichen weitgehend verschwunden ist, denn der Mensch ist eingekerkert und bedrückt vom Raum, der sich ihm nicht mehr in seiner natürlichen Großartigkeit öffnet. Anstelle des räumlichen Unendlichen lebt der Mensch der Großstädte zum Ausgleich das zeitliche Unendliche als konkretes Werden mit allen seinen relativistischen Verwicklungen.

Die Vision der Melancholie ist bei Dürer jeder Heiterkeit beraubt. Sie offenbart ein Unbefriedigtsein, das ans Tragische grenzt. Nicht so in der italienischen Renaissance. Auch hier haben die melancholischen Zustände das Unendliche als Rahmen, auch hier offenbaren sie eine seltsame Eigenart des Menschen im All, doch wird die reflexive Anspannung durch ein beherrschtes und geheimnisvolles Lächeln gemindert, das der Mensch in die Unendlichkeit aussät. Die Zweiheit

nimmt nicht die Gestalt einer schmerzlichen Spannung an, denn die Verbindungen zur kosmischen Ordnung sind noch nicht aufgehoben.

Es muß festgehalten werden, daß in der Melancholie die Trennung vom Dasein nicht endgültig ist. Dies beweist das Gefühl der Wehmut, das stets in ihr gegenwärtig ist. In der Melancholie zielt die Wehmut gemeinhin auf eine unwiederbringliche Tatsache aus der *Vergangenheit*. Sie reißt eine geschlossene Wunde wieder auf oder vergegenwärtigt einen Seeleninhalt, den wir in dem betreffenden Rahmen nicht mehr erleben können. Die Tatsache, daß wir in Lebensrahmen lebten, in denen wir etwas vom Inhalt unseres eigenen Wesens zurückließen, und daß wir, wenn wir diese Rahmen verlassen, zerbröseln, ist gewiß schmerzhaft. Doch ist diese Hoffnung auf das Wirkliche irgendwie rückblickend, für künftige Möglichkeiten deutet sie nichts an.

Welcher Unterschied dagegen in dem Eindruck des Endgültigen, den wir in der Verzweiflung haben. Hier erwecken die Gefühle *absoluter* Verlassenheit, des quälenden Aufgehängtseins im All, der unabwendbaren Gegenwart des Todes im Leben, der Immanenz des Bösen in den Wurzelns des Seienden in unserem Bewußtsein den lebendigen und inbrünstigen Eindruck des für immer Unwiederbringlichen, der Eitelkeit jedes Versuchs, das Los des Menschen im Leben zu verbessern. Während in der Melancholie die Zeit eher ein irrationales Prinzip bedeutet, offenbart sie in der Verzweiflung

ihr dämonisches Wesen. Bei Dürer und im allgemeinen in der nordischen Renaissance ist die Melancholie der Verzweiflung näher als in der Vision der italienischen Renaissance. Diese mäßigt sie durch ein keimhaftes Gefühl der Anmut. Später, im England des XVIII. Jahrhunderts, bei einem Reynolds und einem Gainsborough, ist die Melancholie dann unablösbar mit jenem Reiz der Nutzlosigkeit, der von der Anmut ausgeht, verbunden. Allein, hier ist die Melancholie allzusehr weiblich eingefärbt, um noch jenes Vermögen, die Welt zu offenbaren, zu besitzen, von dem wir sprachen. Gegen Heidegger glauben wir, daß uns das Seiende als solches nicht durch die Langeweile enthüllt wird, sondern durch die Melancholie, denn die Langeweile ergibt sich aus völlig zufälligen und äußerlichen Bedingungen. Mehr noch. Sie ist die vulgäre Form der Melancholie und als solche jeder Schöpferkraft bar, denn sie geht im wesentlichen aus der Abwesenheit von Beschäftigung oder dem Mangel an äußeren Reizen hervor. Wiederum ist es absolut gleichgültig, ob Dürer an das im melancholischen Zustand beschlossene Offenbarungsvermögen gedacht hat oder nicht, denn die Künstler objektivieren die irrationalen Erlebnisse, ohne sie auf eine theoretische Ebene zu beziehen. Es gibt jedoch in Dürers *Melencolia* einen religiösen Hintergrund, den wir Modernen schwerer erfassen, weil wir fast ausschließlich auf der Ebene der Immanenz leben.

Drückt die Sehnsucht, die vom Blick jener sonderba-

ren Gestalt in Dürers Stich ausgeht, nicht etwas von der Wehmut des religiösen Menschen angesichts verlorener Wirklichkeiten aus? Drückt sie nicht den Hang aus, sich der Transzendenz zu nähern? Denn in der ganzen nordischen und südlichen Renaissance gibt es ein Streben hin zu transzendenten Wirklichkeiten, etwas gemindert in der italienischen, stärker in der nordischen, wo der christliche Geist weniger durch das Wiedererstarken des Heidentums zu leiden hatte. Bei Dürer hält sich ein Schwanken zwischen transzendentem Streben und irdischer Immanenz. In dieser Doppelgesichtigkeit liegt ein Zug seiner Tragik. Die Unruhe der gotischen Seele hat Versöhnung und Gleichgewicht nie gefunden. Die nordische Renaissance ist nur eine Episode. Der Barock greift die gotische Tradition wieder auf. Doch gerade deswegen behält die nordische Tradition den Charakter einer folternden Ungewißheit, weil sich die Seele in heterogene Formen gekleidet hat. Und dann versteht man, warum in Italien die Melancholie durch ein Lächeln gemäßigt und im Norden durch schmerzhafte Anspannung verschärft wird. In Dürers *Melencolia* fehlt jeder Ausdruck von Ironie als unendlicher Negativität, denn die Wirklichkeit widersteht dem Menschen zu sehr, als daß er ihr das Lächeln der eigenen Überlegenheit entgegensetzen könnte. So erklärt sich, weshalb die italienische Renaissance ein lebendigeres Verständnis für das Leben, die nordische aber für den Tod hatte.

Die Vision des Todes in der Kunst des Nordens

Es gibt in der nordischen Kunst eine viel stärker ausgeprägte Sensibilität als in der südlichen. Während in dieser die peinigende Vision der wesentlichen Wirklichkeiten durch ein ästhetisches Welterleben gemildert wird, durchlebt man in der nordischen die reiche Problematik des Lebens bis in ihre letzten Elemente hinein. Es ist gleichgültig, ob sich dieses Offenbaren der letzten Elemente auf rein theoretischer Ebene oder im Bereich der Vision entfaltet: was wesentlich ist, geht auf die Tatsache zurück, daß dieses Sichoffenbaren zwangsläufig ein Offenbaren des Todes ist.

Wer über das Leben nachdenkt und nicht zu dem Gefühl und dem Problem des Todes gelangt, bleibt außerhalb jeder Möglichkeit zu tieferer Spekulation. Für die rein formale Spekulation gibt es gar kein Problem des Todes, denn der Formalismus schaltet jedwede Daseinsgegebenheit aus.

Da, wo das *Dasein* den Vorrang hat und die *Form* etwas Verschwommenes und Inkonsistentes ist, wird das Todesproblem wesentlich. Beweise? Denken Sie an Sören Kierkegaard oder an Martin Heidegger. Im Gegensatz dazu sind im anachronistischen und obsoleten Formalismus Kants derartige Probleme ganz und gar unwesentlich. Welcher Wert kann denn noch ange-

sichts des Phänomens des Todes der symmetrischen und künstlichen Einteilung der Kategorien zukommen?

Dieser Gedanke der Eitelkeit (Vanitas) jeglicher formalen Vollkommenheit angesichts des Todes durchweht wie ein innerer Atem die ganze nordische Kunst, insonderheit die deutsche Renaissance.

In der italienischen wird er durch eine ästhetische Weltperspektive aufgehoben. Denn zum Aufbau des ästhetischen Erlebens gehört die Abwertung des Todes, des Elends und des Leidens; selbstverständlich gilt dies für das bis zum Übermaß entwickelte ästhetische Erleben, wie man ihm in Zeitaltern mit ästhetisierenden Neigungen begegnet. Was bei den italienischen Primitiven schmerzende Disharmonie, Vorahnung des Todes und apokalyptische Vision war, wird von der Renaissance in die Formen reiner Idealität gekleidet, wobei die konkreten Krämpfe und Windungen des Seienden durch das Licht einer abstrakten Schönheit verklärt werden. Die Jungfrau Maria ist nicht mehr die Schmerzensmutter, mit Tränen in den Augen, sondern wird zur mondänen Schönheit, mit geheimnisvollem und fast erotischem Lächeln.

Dasselbe geschieht mit Jesus und mit dem Apostel Johannes. Der italienische Barock stellt das Wiederaufgreifen einiger wesentlicher Motive der Primitiven dar und dadurch eine Annäherung an Elemente, die im Norden einen Ausdruck voller Anspannung gefunden hatten. Wenn in der südlichen Renaissance die Auffas-

sung von der Transzendenz des Todes diesen in einen dem Leben völlig fremden Bereich versetzte, so daß Leben sich entfaltete, als gäbe es den Tod nicht, zeigen die nordische Renaissance und die Kunst des Nordens ganz allgemein eine seltsame Vision der Gegenwärtigkeit des Todes an der Seite des Lebens. Man kann eigentlich nicht von einer Vorstellung der Immanenz des Todes im Leben reden, denn hier ist der Tod nicht etwas, was nach und nach infolge der Aufzehrung eines inneren Inhalts in Erscheinung träte. Im Falle der Immanenz setzt das Werden des Lebens in seiner allmählichen Entfaltung ein fortschreitendes Eingehen in den Tod, so daß die *Zeit* das Vorwalten des einen oder des anderen bewirkt. Ich lebe, aber meinem Leben ist der Tod als Schicksal eingeprägt. Ein Schritt ins Leben ist auch ein Schritt hin zum Tode. Diesem Gefühl der Immanenz des Todes hat Rembrandt den kräftigsten Ausdruck gegeben. Dagegen gibt es in der Vision der Gegenwärtigkeit des Todes *an der Seite* des Lebens, der wir bei Hans Holbein, Matthias Grünewald, Lucas Cranach, Hans Baldung Grien und anderen begegnen und die der nordischen Kunst eigentümlich ist, ein lebendiges und starkes Gefühl der Anwesenheit des Todes, die dem Leben nicht äußerlich ist, sondern sein Wesen prägt und seinen Lauf bestimmt. Sie hat nichts vom Zauber irrationalen Ausgreifens, denn der Tod ist ein unüberwindliches und ewig gegenwärtiges Hindernis. Aus diesem Grunde fehlen den Formen des menschlichen Leibes

die klassische Vollkommenheit und Reinheit der Linien, der naive Schwung und die kontemplative Ruhe, die süße und heitere Träumerei, die Wollust des sich dem Dasein Preisgebens ohne die quälende theologische Frage – wie Antike und Renaissance insbesondere sie gehegt und gepflegt haben –, im Gegenteil, sie entfalten peinigende Seiten des Lebens und vermitteln den Eindruck des Zerquälten und Zerstörten. In dieser Hinsicht ist das bei den oben genannten Schöpfern so häufige Motiv der Vanitas überaus bezeichnend und aufschlußreich: wenn in einer Szene, die einen Aspekt kraftvollen Lebens darstellt, das Gerippe als Sinnbild des Todes erscheint. Ein peinlicher und schmerzhafter Eindruck bleibt zurück, nachdem man jenes Gemälde Baldungs betrachtet hat, in dem hinter dem jungen Mädchen, das seinen nackten Leib im Spiegel bewundert, der Tod als Knochenmann erscheint.[1] In jener »Eitelkeit«[2], die man bei den deutschen Malern so häufig antrifft, steckt eine haßerfüllte Verachtung für das Leben, eine Verneinung der Schönheit durch die Kunst, eine Verzweiflung angesichts eines jeden Versuchs, die Welt auf ästhetischen Wegen zu erlösen. Wenn die ästhetische Haltung angesichts des Lebens unmittelbar, naiv und ohne jedes normative Element ist, so ist die von apokalyptischen Visionen erfüllte Haltung dieser

1 *Die drei Lebensalter des Weibes und der Tod,* um 1510, Wien, Kunsthistorisches Museum.
2 Im Original deutsch.

Künstler das gerade Gegenteil der ästhetischen Haltung. Betrachtet man diese Kunst, so ist man weit entfernt von jedweder Befriedigung, die sich aus der Kontemplation eines Kunstwerks ergibt; im Gegenteil, ein an Verzweiflung grenzendes Unbefriedigtsein hebt jede ästhetische Freude auf. Der Pessimismus Holbeins und die phantastische Vision Grünewalds, für den das Kreuz in nächtlicher Unermeßlichkeit das Sinnbild der Welttragödie war, zeigen noch quälendere Elemente, zumal der Tod für sie keine Befreiung ist, denn sonst hätten sie uns nicht ein dermaßen abstoßendes und grausiges Bild des Todes hinterlassen. Die ganze christliche Kunst ist eine Auflehnung gegen das Leben, eine Flucht vor dem Irrsinn des Seienden und beweist die Unfähigkeit des Christen, eine rein irdische Tragödie hinzunehmen. Der Tod bedeutet für den Christen, insofern er mit seiner Hilfe in die transzendente Welt eingeht, Rettung und Erlösung.

Das nordische Christentum hat jedoch das Tragische derart kraftvoll entwickelt, daß es, indem es das Christentum verneinte, zu einer Art Pandämonismus gelangte, der die Erlösung ausschaltet, so daß der Tod kein Mittel zur Befreiung mehr ist. Wenn dies nicht für alle zutrifft, so scheint es mir doch für die genannten Künstler eine Erklärung zu bieten.

Der Geschmack am Tod ist bei einem Holbein so stark ausgeprägt, daß die Totenschädel fast ein normaler Bestandteil seiner Gemälde sind.

Aber auch wenn man aus metaphysischer Sicht bei Leben und Tod nicht von einer völligen Unzurückführbarkeit des einen auf das andere reden kann, so ist nicht weniger wahr, daß sich der Mensch praktisch derart verhält, als sei der Tod etwas außerhalb des immanenten Verlaufs des Lebens. Es bedarf einer langanhaltenden Verzweiflung, eines dauerhaften Verblutens unseres ganzen Wesens, um zur Vorstellung einer Immanenz des Todes im Leben vordringen zu können. Die Vorstellung der Immanenz führt zur Resignation; diejenige der Gegenwärtigkeit des Todes an der Seite des Lebens, die bewirkt, daß jeder Augenblick des Lebens durch die Aussicht auf den Tod gepeinigt wird, führt unmittelbar zur Verzweiflung, aber zu einer Verzweiflung ohne Befreiung. Die sozusagen *parallele* Wesensart von Tod und Leben in der Kunst des Nordens fordert uns auf, an die staunensstarren Worte jenes Tragikers des Altertums zu denken, der ausgerufen hat: Wer weiß, ob das Leben nicht Tod und der Tod nicht Leben ist?![1]

1 Euripides, *Phrixos,* Fragment 833: »Wer aber weiß, ob nicht das, was man Totsein nennt, Leben ist und das Leben Totsein?« Euripides, *Sämtliche Tragödien und Fragmente,* Bd. VI. *Fragmente. Der Kyklop. Rhesos.* Fragmente übers. von Gustav Adolf Seeck. München: Artemis, 1981, S. 368-369.

Karl Jaspers: »Psychologie der Weltanschauungen«

Jaspers' Betrachtungen in diesem Buch ordnen sich in die Reihe von Fragestellungen ein, welche die zeitgenössische Philosophie in den Mittelpunkt der Beschäftigungen unserer Zeit gerückt hat.[1] Die Antinomie zwischen Form und Leben, Mechanisierung und Spontaneität, System und Geschichte, Norm und Erleben, Problematik und Intuition, Rationalität und Irrationalität, leerer Transzendenz und konkreter Immanenz sind Elemente, die Jaspers' Buch jene Aktualität verleihen, die sich aus der Fähigkeit ergibt, die Probleme der Gegenwart in ihrem dramatischen und tiefinneren Wesen zu erfassen. Es ist eine Reaktion auf den Hang zur Formalisierung des Lebens, die in dem Verlust des lebendigen und konkreten Inhalts besteht, und zwar durch das Ausscheiden der Erfahrung und die Vorherrschaft abstrakter und starrer Schemata. Die Schematisierung des Lebens ist gleichbedeutend mit dessen Verneinung. In der Perspektive, in der Spengler die großen Kulturen beurteilt, betrachtet Jaspers die Weltanschauungen. Der Vergleich ist von großem Wert, unabhängig von der

1 Vgl. auch Martin Heidegger, »Anmerkungen zu Karl Jaspers' ›Psychologie der Weltanschauungen‹« [1919-1921], in: *Wegmarken*, 2., erweiterte u. durchgesehene Aufl., Frankfurt am Main: Vittorio Klostermann, 1978, S. 1-44, und Jaspers' Vorwort zur 3. Aufl. (1925).

Entdeckung gewisser Bedingtheiten. Im übrigen wurden beide Bücher etwa zur selben Zeit abgefaßt.[1]

Es ist das große Verdienst des Verfassers, von vornherein versucht zu haben, den Sinn der zeitgenössischen Philosophie zu bestimmen. Ihm zufolge ist sie durch die Neigung zu einer universalen Betrachtung, unabhängig von einer lebendigen Haltung, gekennzeichnet. Sie verharrt angesichts der Mannigfalt in einer beschreibenden Haltung (was eigentlich keine *Haltung* mehr ist). Die wahre Philosophie ist die prophetische, deren herausragende Bedeutung in der Anpassung an eine Position besteht, die alle anderen ausschließt. Sie löst aus den theoretischen Konstruktionen die Bestandteile heraus, die ihr zupaß kommen, gibt ihnen eine systematische Einheit und setzt sie den anderen entgegen. Nur in einer solchen Philosophie behält das System seinen spezifischen Sinn, der im Vorgang der Vereinfachung und Rückführbarkeit verschiedenartiger und vielfältiger Daten besteht. Die prophetische Philosophie ist eine Philosophie normativer Art. Das Festlegen von Idealen, von transzendenten Wertordnungen gehört zu ihrem Wesen. Daher ihre Neigung, sich im Leben zu verankern, verwandelnd einzuwirken usw. Die zeitgenössische, von psychologischen und soziologischen For-

1 Der erste Band von Spenglers *Der Untergang des Abendlandes. Umrisse einer Morphologie der Weltgeschichte*: »Gestalt und Wirklichkeit« erschien zuerst 1917, der zweite: »Welthistorische Perspektiven« 1922; Jaspers' *Psychologie der Weltanschauungen* kam zuerst 1919 heraus, die 2., durchgesehene Auflage 1922, Berlin: Julius Springer.

schungen beherrschte Philosophie verließ die Abgeschiedenheit, in der die prophetische Philosophie angesichts der Verschiedenartigkeit und Mannigfaltigkeit der Weltanschauungen verharrte. Darin liegt ihr überlegenes Verstehen, aber auch ihre Fruchtlosigkeit. Die psychologische Erforschung der Weltanschauungen muß nicht in einen exzessiven Psychologismus ausarten, der die Formen des geistigen Lebens bloß als Täuschungen, als subjektive Aspekte ohne Geltung betrachtet, aber auch nicht in einen Ontologismus, der ihre Verwandtschaften mit den Wurzeln des Wirklichen entdeckt. Den Versuch einer systematischen Psychologie der Weltanschauungen macht Hegel in der *Phänomenologie des Geistes*. Nur daß Hegel objektiviert, er will alles erkennen; dagegen subjektiviert Jaspers, weil er nur den Menschen und dessen Möglichkeiten erkennen will. Historische und psychologische Untersuchungen führen zur Anthropologie.

Die größten Psychologen der Weltanschauungen sind Kierkegaard und Nietzsche, die beide die Problematik des Daseins in überaus origineller Weise gelebt haben. Ihnen geht es nicht um die Einordnung der Weltanschauungen in die Geschichte, sondern um das »Dasein«: die Individualität, die Dialektik jedes subjektiven Wesens.

Die verschiedenen Formen, die Welt anzuschauen, unterliegen einem Vorgang, der abgeleitete und unechte Formen dadurch hervorbringt, daß der wesent-

liche Mittelpunkt, der diese Formen kennzeichnet, verschoben wird. Unechtheit, Formalisierung, Differenzierung und Verabsolutierung stellen Aspekte der Emanzipation der abgeleiteten Formen von der ursprünglichen und spezifischen Substantialität der echten Formen dar. Das funktionale und formale Indefinite tritt an die Stelle des Unendlichen und der konkreten Gesetzmäßigkeit des Inhaltes. Hier wird Jaspers' Neigung sichtbar, das Formale im Gegensatz zum Leben aufzufassen. Ihm zufolge ist selbst die prophetische Philosophie insofern nicht weit von der Neigung zum Formalisieren entfernt, als sie sich nur mit dem starren Verhältnis zwischen Objekt und Subjekt, Seele und Welt befaßt. Dieses Verhältnis wird in seiner Funktion als absolute Allgemeinheit gedeutet. Die Psychologie kennt dieses feste und starre Verhältnis nicht, sondern nur Standpunkte, Haltungen, denen gegenüber sie perspektivisch Position bezieht. Übrigens ist die perspektivische Veranlagung ebensowohl dem psychologischen wie dem historischen Sinn wesentlich.

Es sind drei Haltungen, die die Psychologie erforscht: die objektiven, die Haltungen der Reflexion über die eigene Person und die enthusiastischen. Wir werden uns nur auf die objektiven beziehen, die ihrerseits drei Formen haben: die aktive (tätige), die kontemplative (betrachtende) und die mystische.

Der Tatmensch, der Willensmensch empfindet die Welt als ein Hindernis, das bezwungen werden muß; die

Welt hängt zum Teil von ihm ab. Dieses Bewußtsein der Abhängigkeit der Welt von seinen subjektiven Kräften gibt ihm die unablässige Illusion der Macht. Ihm fehlt die umfassende Perspektive; deshalb lebt er ausschließlich in der Gegenwart. Die Kategorien der tätigen Haltung sind: die Deutung der Intelligenz als eines *Mittels*, Bewegung, Entschlußkraft, Mut, Erfolg.

Die kontemplative Haltung mit ihren Sonderformen, etwa der ästhetischen, rationalen usw., ist durch den Abstand gekennzeichnet, der zum Wirklichen eingehalten wird. Diese Trennung erklärt, weshalb in der kontemplativen Haltung die Apriori-Formen eine wesentliche Rolle spielen und die einfache, unpersönliche Empfänglichkeit ausschließen.

In der mystischen Haltung geht man, da die Aufhebung des Subjekt-Objekt-Tatbestandes herbeigeführt wird, über alle Wirklichkeiten und Antinomien hinaus. Infolge der Abwesenheit der Beziehung zwischen Subjekt und Objekt fehlt auch die ästhetische Form einer objektiven Strukturierung, es fehlt die Wirksamkeit der ethischen Imperative – denn es besteht keinerlei Gegensatz und keinerlei Entzweiung.

Das zutiefst beeindruckende Kierkegaardische in Jaspers' Buch ist seine Auffassung der antinomischen Struktur des Daseins. Die Antinomien können entweder von der Objektseite herrühren – beispielsweise der Ganzheitscharakter des Lebens und gleichzeitig der es kennzeichnende Komplex von Funktionen – oder von

der Subjektseite. Hat man einen Antrieb, so lebt man unmittelbar in einer Polarität, denn im Seelenleben ruft der eine Antrieb seinen Gegensatz hervor. Jedem Wunsch widersetzt sich das ihm Entgegengesetzte. Grenzsituationen wie Zufall, Schuld usw. zeigen die Stellung des Menschen als antinomische auf.

Angesichts der Unruhe und der unlösbaren Probleme, der Relativierung und Inkonsistenz der Lebensformen neigt der Mensch dazu, sich eine begrenzte Daseinsumwelt aufzubauen, mit Gewißheiten und Wahrheiten. Das Innehalten, das Rasten im Begrenzten entsprechen dem Bedürfnis nach Ruhe, nach Einkapselung und nach Abbruch der Berührung mit der Außenwelt. Der Mensch braucht Anleitungen zum Handeln, unwandelbare Normen, Umschlossenheit[1] und Einheit, traditionelle Institutionen und Ordnungen; nicht das Werden mit seinen mannigfachen und wandelbaren Formen, die dem Leben das Gepräge tragischer Instabilität geben, sondern das feste Dasein, in dem sich der Mensch endgültig eingebettet fühlt. Wer im begrenzten Bereich lebt, verlangt inbrünstig nach Besitz, nach Zugang zum Absoluten. Für den im Unbegrenzten Inne-

1 Ciorans Begriff an dieser Stelle ist wörtlich: »Einkreisung«, »Eingekreistsein« (*încercuire*), etwa: Umschlossenheit, und leitet sich vom Bild des Kreises her: Der Mensch steht im jeweils eigenen Mittelpunkt und wird von einer – von jedem Punkt des Umkreises gleich weit entfernten – Schutzmauer umgeben oder umschlossen. Dieser Begriff scheint eine Umschreibung des Jasperschen »Gehäuses« zu sein, das »Halt im Begrenzten« gewährt. Vgl. *Psychologie der Weltanschauungen*, Berlin ²1922, Kap. III B, S. 304-326.

haltenden bildet die Unzugänglichkeit des Nichtbedingten und der Unendlichkeit einen Rechtfertigungsgrund seines eigenen Daseins, denn Zugang und Besitz führen zu Mechanisierung, was er a priori ablehnt. Den umschlossen Lebenden sind die Grenzsituationen, die großen Erfahrungen fremd. Die Formen des Begrenzten können unmittelbar, naiv sein, in einer irrationalen Anpassung bestehen oder bewußt gewählt sein, und zwar durch eine Rückkehr vom Abgrund des Nihilismus. Während die nihilistische Erfahrung eine fruchtbare Krisis, ein verzweifelter Kampf mit tiefen Möglichkeiten sein könnte, ist die Rückkehr zu den Formen des Begrenzten, die Einkapselung in eine Muschelschale, die Verkrustung gleichbedeutend mit der Erschöpfung der Lebenskräfte. Die Erfahrung des Begrenzten bedeutet Pflicht, Anweisung, Gesetz, Regel, allgemeine Geltung, rationale Form usw. Einem solchen Dahinleben entspricht auf theoretischer Ebene der Rationalismus, der Jaspers zufolge ein großes Unverständnis für das Leben in allen seinen Formen zeigt.

Der Rationalismus hat keine eigene Kraft, sondern ist reine Formungstätigkeit; er will dem Menschen ein geschlossenes Weltbild bieten, will Werteordnungen aufstellen und dem Verhalten im Leben eine Richtung geben. Was sind die Äußerungen der rationalistischen Tendenz? Jaspers macht mehrere Ausdrucksformen dieser Tendenz ausfindig, deren Analogie allerdings eher formaler Art ist: Technik, epikureische Disziplin, geist-

liche Exerzitien, Ehrbegriffe, Zivilisation, Stoa, Jesuitentum. Der Rationalismus gelangt zur Illusion der zeitlosen Geltungen, der ewigen Gesetze, der absoluten Objektivität. Die Unbegrenztheiten werden theoretisch erdacht, nicht gelebt. Das ganze Werden dünkt ihm reiner Schein; alles, was zeitlich ist, gleichgültig.

Im Gegensatz zu dieser Haltung steht die Erfahrung des Paradoxons, das An-Grenzen-Stoßen, das Durchleben des Antinomischen in allem, was da ist, ohne das Trugbild des Transzendierens.

Der Rationalismus steht in völligem Gegensatz zur nordischen Innerlichkeit, zu den mystischen Spekulationen oder zu den Paradoxien des Christentums; er ist außerstande, die Struktur der individuellen Irrationalität, des konkreten Werdens zu begreifen. Er konstruiert eine Welt verschiedener Wertesphären, die gegeneinanderstoßen.

Freiheit gibt es im Begrenzten nicht; nur durch die Überwindung der Formen, der begrenzenden Einfassungen, in der lebendigen Erfahrung der Unendlichkeit verwirklicht man Freiheit. Ein Absolutismus der Werte, der entweder durch das rationale Bewußtsein oder durch die Kollektivität auferlegt wird, führt zur Verneinung der Freiheit.

Ohne es zu beabsichtigen, hat Jaspers die ganze Problematik einer Lebensphilosophie entwickelt. Die Vorbehalte dagegen sind nicht von Belang.

Wir und Hegel

Hegels Philosophie kann zu den Denksystemen gezählt werden, deren Fruchtbarkeit sich weniger einer rein immanenten Kritik, als vielmehr einer Kritik transzendenter Art offenbart, die bestrebt ist, sowohl die logische und systematische Fügung als auch die irrationalen Wurzeln zu erfassen, aus denen sich das System entwikkelt. Nötig ist die intuitive Vertiefung, die die Spezifität, den ursprünglichen und differenzierenden Charakter erfaßt, denn mehr als jedes andere philosophische System weist das Hegelsche einen spezifischen Typus der Erlebens, eine besondere, einer rein theoretischen Betrachtung unzugängliche Haltung auf. Darin besteht die Erklärung der Tatsache, daß sich manche von vornherein Hegel anschließen, während er anderen für immer fernbleibt. Es beweist, daß Hegel niemandem gleichgültig sein kann, dem philosophische Tätigkeit wesentlich ist. Wegen der Bedeutung des Lebendigen, das auf eine spezifische Art des Erlebens zielt, die stets jenseits der theoretischen Konstruktion zu finden ist, läßt sich erklären, warum man immer dann, wenn von Hegel geredet wird, so sehr auf seiner romantischen Natur besteht. Ungenau ist die Ansicht einiger neuerer Autoren, die von der Zugehörigkeit Hegels zum klassischen Typus sprechen. Trotz der Relativität aller Versuche einer Ty-

pologie muß daran erinnert werden, daß die Bausteine der typologischen Konstruktionen auf dem Prinzip der Vorherrschaft bestimmter Funktionen beruhen: was eine Anpassung an die konkreten Spezifikationen der Individualität voraussetzt. Hegel fehlt der Sinn für das Maß, das Erleben innerhalb begrenzter Formen, ihm fehlt das, was das Leben im Stil kennzeichnet; ein wesentliches Merkmal des klassischen Typus. Die dynamische Weltanschauung und die Auffassung von der Inkonsistenz der Lebensformen, die Intuition der ursprünglichen Antinomie am Grund des Daseins führten ihn jenseits des Stils als solchen, jenseits des eine geschlossene Lebensform darstellenden klassischen Typus hin zu den romantischen Perspektiven des Lebens. Ich glaube, es gibt kein besseres und schärferes Unterscheidungskriterium für den Dualismus Klassisch – Romantisch, als daß man ersteres durch das Vorherrschen der Form und letzteres durch dasjenige der Perspektive bestimmt. Eine klare Intuition kann die Elemente herauslösen, die die Verwandtschaft des Klassizismus mit dem Rationalismus rechtfertigt und die Verwandtschaft der Romantik mit dem Historismus. Da es uns um die Verwandtschaft der zeitgenössischen philosophischen Problematik mit der Philosophie Hegels und somit implicite um eine äußere, diese Philosophie transzendierende Betrachtung geht, ist es angebracht, den Sinn der Dialektik, des Historismus und des objektiven Geistes genauer zu fassen – es sind dies Elemente des Hegelia-

nismus, die seine Bedeutung für die Gegenwart rechtfertigen. Doch zuvor: was ist Hegels Bedeutung für die moderne Kultur, oder genauer: wo ist sein Platz in dieser Kultur?

Hegel ist der letzte große Philosoph der neuzeitlichen Kultur. Von ihm an beginnt der Verfall. Was Aristoteles für die Kultur der Antike, ist Hegel für diejenige der Neuzeit. Dieser Behauptung liegt nicht ein subjektives Kriterium der Anhängerschaft oder der Zustimmung zu einem System zugrunde, sondern ein Kriterium, das die Werte der Kultur qualitativ, ihrer inneren Struktur nach beurteilt, unabhängig von den Vorlieben einer beliebigen Subjektivität. Hegel ist der letzte gewesen, der alle Bereiche der Objektivationen des Geistes in eine einheitliche Vorstellung einbezogen hat. Nicht, daß er alle gekannt hätte; aber er hat allen diesen Bereichen ein subjektives Merkmal aufgedrückt, ein Gepräge gegeben; darin besteht jene Universalität, die im Falle philosophischer Schöpfungen nur in Verbindung mit einem subjektiven Lebensmittelpunkt vorstellbar ist.

Der Umstand, daß sich das philosophische Denken unserer Zeit der Dialektik zuwendet (Richard Kroner, Jonas Cohn,[1] Arthur Liebert,[2] Theodor Litt, Martin Heidegger und andere), beweist die Notwendigkeit, ei-

1 Jonas Cohn, *Theorie der Dialektik. Formenlehre der Philosophie,* Leipzig: Felix Meiner, 1923.

2 Arthur Liebert, *Geist und Welt der Dialektik,* Bd. I: *Grundlegung der Dialektik,* Berlin: Pan-Verlag Kurt Metzner, 1929.

nen starren Typus rein analytischen Denkens zu überwinden, indem das Problem des Erkenntnisvorgangs durch Implikationen und das Verharren in einem unfruchtbaren Bereich gelöst wird. Die Dialektik stellt einen synthetischen und produktiven Vorgang dar. Das synthetische und dialektische Fortschreiten darf nicht in formalem Sinne verstanden werden. Die Dialektik nimmt ihren Ausgang von einem Transzendieren des Formalismus, nicht aber des Schematismus, der im Gegensatz zu ersterem eine konkrete Funktion erfüllen kann. Das Formale ist immer transzendent; das Schematische ist in einer konkreten Immanenz vorstellbar. Was Hegel gegen Kant eingewandt hat, ist die Tatsache, daß er die Dialektik nur auf den Bereich der spekulativen Vernunft beschränkte, ohne sie auch den Objekten der Spekulation zuzuschreiben. Kant hat nicht gesehen, daß die Dialektik der kosmologischen Ideen nicht nur diesen eigentümlich ist, sondern allen Objekten und Begriffen. Hegel erkennt die Objektivation des dialektischen Prozesses im Konkreten. Der Widerspruch liegt somit nicht nur im Abstrakten, sondern auch im empirischen Datum. Stellt die Dialektik ein allgemein anwendbares Schema dar oder lediglich den Ausdruck einer spezifischen Geisteswelt, so daß die Hegelsche Dialektik beispielsweise nur für den Hegelschen Idealismus gilt? Dieses Problem wurde von Othmar Spann erörtert, der behauptet, es sei ein reiner Widerspruch, eine »Parodie«, wenn man, wie die Marxisten dies wollen,

den Idealismus ausscheidet, die Dialektik aber aufrechterhält.[1] Spann vergißt allerdings, daß die Dialektik weniger eine Struktur als eine Methode ist; paradox ausgedrückt: eine immanente Methode. Im Hegelschen Idealismus hat die Methode nicht mehr den Charakter eines dem Wirklichen transzendenten Verfahrens wie im Apriorismus oder im transzendentalen Subjektivismus. Die Dialektik fordert das wirklich Gegebene im Begriff. Durch diese Behauptung unterscheidet sich Hegel wesentlich vom vorkantischen Dogmatismus, was die von einigen geäußerte Meinung widerlegt, wonach seine Philosophie nichts als eine Rückkehr zu jenem Dogmatismus sei. Das Dasein ist in dieser dogmatischen Vorstellung nicht ursprünglich, nicht ohne die Notwendigkeit des Eingreifens des Begriffs gegeben. Deswegen darf man nicht dem Irrtum verfallen, zu glauben, daß Hegel ein Rationalist in dem Sinne, den wir heute diesem Wort geben, gewesen sei. Gewiß, Hegel hat sich mehrfach gegen den Sentimentalismus und den Intuitionismus, die sich spät aus dem Pietismus entwikkelten, ausgesprochen. Bei ihm bilden Intuition und Dialektik jedoch eine Einheit. Die Erkenntnis erfolgt

1 Othmar Spann, *Der wahre Staat. Vorlesungen über Abbruch und Neubau der Gesellschaft,* 4., mit Zusätzen versehene Aufl., Jena: Gustav Fischer, 1938, S. 105-106, 126-127. S. 127: »Daß Marx eine Parodie aus Hegels dialektischem Verfahren machen konnte, war seine Sache. Daß aber ein ganzes Jahrhundert lang Anhänger und Gegner ihm diesen Hegelianismus nachrühmten, wirft ein grelles Licht auf die seichte, irregerichtete philosophische Bildung der damaligen und heutigen Geschlechter.«

nicht durch einen sukzessiven Vorgang, der das Dasein zuerst durch Intuition behauptete und sich erst nachträglich auf die Prinzipien der formalen Logik anwenden ließe. Indem er die Trennung zwischen formaler Logik und konkreter Logik aufhebt, vereinheitlicht Hegel implizite Intuition und Dialektik. Hält man diese Trennung aufrecht, ergeben Intuition und Dialektik einen Dualismus, über dessen Nichtrückführbarkeit man nur durch Kompromisse hinausgehen kann. Daß Hegel kein Rationalist im gegenwärtigen Wortverstand gewesen ist, beweist der Umstand, daß für ihn der Begriff nicht eine starre Form darstellt, sondern einen Dynamismus, daß die Vernünftigkeit des Wirklichen nicht eine übergeschichtliche ist, sondern nach und nach erfolgt, wobei sie durch die Mannigfaltigkeit der der universalen Vernunft immanenten Widersprüche hindurchgeht.

Wie Richard Kroner sagt, hat es kein Denker vor Hegel vermocht, »den Begriff so sehr zu irrationalisieren, das Irrationalste so sehr durch den Begriff zu erleuchten wie er«.[1] Selbst das dialektische Denken sei nichts als rational gemachter Irrationalismus: ein rational-irrationales Denken. »Hegel ist ohne Zweifel der größte Irrationalist, den die Geschichte der Philosophie kennt.« (Kroner)[2]

1 Richard Kroner, *Von Kant bis Hegel,* II. Bd., Tübingen: J. C. B. Mohr, 1924 (Grundriß der philosophischen Wissenschaften), S. 272.
2 Ebd., S. 271. Zitat im Original deutsch.

Diese Aussage ist zu eindeutig, als daß sie zutreffen könnte. Das Problem des Irrationalen bei Hegel muß geschichtlich verstanden werden. Der kosmische Prozeß stellt eine Rationalisierungs- und Läuterungsbemühung des Geistes durch allmähliche Verinnerlichung dar. Dieser Prozeß beweist die immanente Gegenwart des Irrationalen in der Welt und läßt eine gänzliche Rationalisierung problematisch werden. In der Dialektik wird, dadurch daß stetige Widersprüche und Synthesen postuliert werden, die Möglichkeit einer geschlossenen Lebensform oder einer scharf abgegrenzten und festgefügten Anschauung, wie dies im Rationalismus der Fall ist, illusorisch. Das Fortschreitende schließt die Form aus. Es ist Hegels großes Verdienst, gezeigt zu haben, daß die gegensätzlichen Elemente im dialektischen Prozeß nicht statischer Art sind, sich nicht ganz und gar ausschließen, sondern eine *concordia discors,* nicht eine *coincidentia oppositorum* bilden. Indem er den polaren Gegensatz zu einem dialektischen Schema wandelte, überwand er die aristotelische Logik. Das dialektische Denken geht nicht nur von logischen Fragestellungen aus; es ist auf geistiger Ebene ein Ausdruck des historischen Sinnes, eine verklärte Objektivation des inneren Erlebens geschichtlichen Werdens, des lebendigen Verstehens des Aufeinanderfolgenden in seiner Schöpferkraft.

Die Probleme der Geschichtsphilosophie, die unsere Zeit umtreiben, bildeten noch einen wesentlichen Be-

weggrund für die Entwicklung eines Neuhegelianismus. Von allen Philosophen hatte keiner einen stärker entwickelten Sinn, ein lebendigeres Verständnis für die Vielfalt des geschichtlichen Lebens als Hegel. In seinen Betrachtungen gebrauchte er eine konstruktive Methode, der eine differentielle Wahrnehmung zugrunde liegt, die die Inhalte des historischen Lebens individualisiert. Dadurch steht er in schroffem Gegensatz zu den abstrahierenden Konstruktionen der Naturwissenschaften. Nun wird verständlich, weshalb Hegel der Vater der Geisteswissenschaften ist. Sein Streben hin zu Individualisierung – nicht zu Individualismus – gibt sich auch in seinen Konstruktionen der Logik und Metaphysik kund, wenn er über den Übergang vom abstrakten Leeren zur Fülle des konkreten Universalen spricht. Wenn Ernst Troeltsch (*Der Historismus und seine Probleme*[1]) von der konkreten und individuellen Totalität als einer grundlegenden Kategorie der Geschichte spricht, die das Wesen der historischen Tatsache bestimmt, zeugt das von tiefer Verwandtschaft mit dem Denken Hegels.

Gegenüber dem geschichtlichen Leben ist Hegel Philosoph, nicht Historiker geblieben; deshalb versucht er eine historische Systematik, nicht eine eigentliche Geschichte zu entwerfen. In diesem Sinne ist der Unterschied zwischen ihm und der Historischen Schule ein

1 Ernst Troeltsch, *Der Historismus und seine Probleme,* Erstes Buch: *Das logische Problem der Geschichtsphilosophie,* in: *Gesammelte Schriften,* III. Bd., Tübingen: J. C. B. Mohr (Paul Siebeck), 1922.

Unterschied, der in der Haltung gegenüber dem Begriff besteht. Den Unterscheidungen Erich Rothackers (*Einleitung in die Geisteswissenschaften,* Tübingen 1920, S. 89) zufolge setzt Hegel dem Unbewußten »das Bewußte entgegen, der intellektuellen Anschauung : den Begriff, dem lebendigen Organismus der Gottheit : den Organismus der begriffenen Wirklichkeit, dem Volksgeist : den Staat, der Sitte : das Gesetz, [...] dem bloß Historischen : die Vernunft«. Die Vernunft hat Vorrang vor der Geschichte, denn sie wirkt im historischen Prozeß. Der Geist ist geschichtlich, aber insofern er denkender Geist ist, gelangt er zum Bewußtsein seiner Übergeschichtlichkeit, überwindet das Werden als solches, steigt auf in die Ewigkeit. Ausgehend von der Vorstellung der organischen Geschichtlichkeit des Geistes, gelangte Hegel nicht zu einem historischen Relativismus, einem Relativismus, wie ihn das zeitgenössische Bewußtsein erlebt, ohne ihn überwinden zu können, obgleich dieses Bewußtsein die Elemente dieses Relativismus keineswegs daran hindert, sich aus dem Hegelianismus herzuleiten. Der historische Relativismus geht von der Vorstellung der Inkonsistenz der geschichtlichen Lebensformen aus, von deren Relativität, die ebenso die Relativität der mit diesen Formen verbundenen Werte voraussetzt. Diese Instabilität zerstört allen Glauben an die Wirksamkeit und Geltung aller Erkenntnis- oder Lebenskriterien. Die eigentlich recht verlockende Schlußfolgerung ist: die organische Irrationalität des Lebens. Für

uns ist der Relativismus verhängnisvoll, weil wir nicht mehr ans Absolute glauben. Doch was Hegel daran hindert, relativistische Schlußfolgerungen zu ziehen, ist ebendie Auffassung des Absoluten, die alle endlichen Formen der Geschichte umgreift und sie kraft ihrer Teilhabe an der dynamischen Unendlichkeit des Absoluten mit Sinn erfüllt. Diese romantische Vorstellung der Anwesenheit des Unendlichen in den endlichen Formen geht über die Relativität hinaus. Ein anderer Grund, der Hegel der bitteren Lust des Relativismus enthoben hat, ist seine Auffassung vom Enthaltensein der Werte in der Geschichte. Freilich kann es sich nicht um ein lineares Enthaltensein handeln. Und zwar deshalb, weil der dialektische Prozeß kein lineares Fortschreiten darstellt. Bestehen bleibt jedoch die Tatsache, daß die Werte, Hegel zufolge, nicht sterben, sondern sich gemäß einem der Geschichte eigenen Rhythmus summieren. Werte haben kein historisches Leben, sondern verwirklichen sich geschichtlich. Das Überhistorische bedeutet bei Hegel nicht eine transzendente Schichtung der Werte, sondern eine Einbeziehung in die lebendige Immanenz des Geschichte. Es besteht ein großer Unterschied zwischen dem Dynamismus Hegels und etwa dem Leibniz'. Während dieser in seiner dynamischen Auffassung der Substanz in naturphilosophischer Betrachtung verharrt, nimmt Hegel, indem er den Dynamismus auf die geschichtliche Welt bezieht, jenes Wertwachstum an, das es im Falle des Naturdynamis-

mus nicht gibt. Kennzeichnend für Hegels Immanentismus ist die Ablehnung der Entzweiung von Wert und Wirklichkeit. Der Wert verwirklicht sich im konkreten Prozeß der Wirklichkeit. Der Wert des Wirklichen als solchen ist ohne dessen Geschichte undenkbar. Aus alledem den Schluß zu ziehen, Hegel habe einen maßlosen Optimismus vertreten, ist nicht gerechtfertigt. Es ist angebracht, hier an einiges zu erinnern, wodurch Hegel eher einer tragischen Auffassung des Daseins zuzuordnen ist, doch ohne von einem Pessimismus Hegels zu reden, wie Eduard von Hartmann dies in seinem Versuch tat, Pessimisten auch noch dort zu finden, wo es sie nicht gibt.

Hegel sagt irgendwo: *»die Geschichte ist nicht der Boden für das Glück. Die Zeiten des Glücks sind in ihr leere Blätter«.*[1] Anderswo spricht er vom Quell des Tragischen, das in der Begrenzung der Individualität besteht, die ihre Schranken nicht überschreiten kann, ohne sich zu zerstören. In seiner Ästhetik, in der er über die griechische Kunst und Kultur tiefe Betrachtungen anstellt, wirft Hegel dieser vor, sich nicht zu einem Verständnis

1 Zitat im Original deutsch, wohl aus dem Gedächtnis zitiert. Der vollständige Satz lautet bei Hegel: »Die Weltgeschichte ist nicht der Boden des Glücks. Die Perioden des Glücks sind leere Blätter in ihr; denn sie sind die Perioden der Zusammenstimmung, des fehlenden Gegensatzes.« *Vorlesungen über die Philosophie der Geschichte,* Einleitung. Hg. von Eduard Gans. *Werke.* Vollständige Ausgabe durch einen Verein von Freunden des Verewigten. IX. Bd. 3. Aufl. von Karl Hegel, Berlin: Duncker und Humblot, 1848, S. 34. Neu hg. von Hermann Glockner, Stuttgart-Bad Cannstatt: Fr. Frommann, 1928, Bd. 11, S. 56.

des Leidens erhoben zu haben und bei einem verfeinerten Ästhetismus stehengeblieben zu sein. Das genügt, das innere Bild eines Philosophen zu umreißen.

Wohin geht die Jugend?

Hier will ich nicht über die politische Ausrichtung der Jugend sprechen oder über die besonderen Tendenzen in einem bestimmten Bereich, sondern mir geht es um den Geist des Lebens, der sie durchdringt, um das tiefinnere Lebensgefühl als allgemeine Perspektive. In gewisser Weise kann man auch nicht mehr von einer bestimmten Ausrichtung in einem Bereich sprechen, weil die wesentliche Eigenart der jungen Menschen von heute in einer exzessiven Beweglichkeit besteht, die ein dauerhaftes Festhalten an einem Inhalt oder einer Form unmöglich macht und eine Vorstellung binnen kurzem beseitigt, um sie durch eine andere von ebenso flüchtiger Dauer zu ersetzen. Nicht aus Oberflächlichkeit oder Dilettantismus erfolgt diese stete Transzendierung, sondern aus einem allzu angespannten inneren Erleben. In diesem Falle erschöpfen sich die Möglichkeiten eines Inhalts so rasch, daß er zwangsläufig zu einem leeren und zu beseitigenden Schema wird. Die klassischen Epochen der Menschheit haben lediglich den allmählichen Prozeß erfahren, ohne Spannung, Diskontinuität oder Verklärung, wobei der Mensch alle Elemente eines begrenzten Lebensstils in seinem ganzen Dasein kaum verwirklicht hat.

Es gibt bei der heutigen Jugend ein irrsinniges und

quälendes Feuer, dessen Hitze und Flammen alles verbrennen und verzehren, was das Leben einst an Beständigem oder Dauerhaftem aufwies, und in einer absurden Feuersbrunst die naiven Wurzeln der Lebenskraft selbst vernichten. Der innere Gestaltwandel hebt jeden scharfumrissenen Lebensstil auf, so daß ohne Paradoxie davon gesprochen werden kann, daß der Lebensstil der Jugend die Verneinung jedweden Stils ist.

Binnen wenigen Jahren wurde mit einer religiösen Erfahrung aufgeräumt, die fruchtbar und verheißungsvoll zu sein schien; Formeln, die früher als lebenswichtig galten, wurden vernachlässigt und verhöhnt. Ein Erleben bis hin zu den letzten Elementen offenbarte, wie bruchstückhaft und unzulänglich die Lebensformen sind, wie, um einen Ausdruck Simmels zu gebrauchen, die Transzendenz die Immanenz des Lebens ist, wobei darunter dessen Unfähigkeit zu verstehen ist, sich einen Inhalt zu kristallisieren oder sich eine Form oder einen Stil zu geben.

Die übermäßige Beweglichkeit, in der die Jugend lebt und die auf theoretischer Ebene in der Verherrlichung des dynamischen und irrationalen Charakters des Lebens eine Entsprechung fand, darf nicht so aufgefaßt werden, als entspringe sie reinem Entzücken oder reiner Seligkeit. Bei der Jugend mit der neuesten Ausbildung sind die Perspektive des Dynamismus des Lebens, die Verherrlichung von dessen Irrationalität und Beweglichkeit mit inbrünstigster Verzweiflung und quälend-

ster Angst verknüpft. Nicht *Schwärmerei,*[1] sondern *Weltangst*[2] kennzeichnet die dramatische Anspannung der jungen Menschen. Ungewißheit der Gegenwart gemischt mit Zukunftsangst; das schmerzhafte Gefühl der ärgerlichen Überraschungen, die durch diese Unvorhersagbarkeit der zeitlichen Ausrichtung hervorgerufen werden können; die Angst angesichts einer dämonischen Welt verbunden mit einer wollüstigen Bejahung dieses Dämonismus; ein Empfinden des Nichts, das mit perverser Befriedigung die Erfahrung des Lebens mit derjenigen des Nichts verschränkt; das alles sind Zustände, die den jungen Menschen einen Grundzug von verzweifelt zynischem und schmerzhaft überschwenglichem Wesen verleihen. Daß die Quelle dieser eindrucksvollen Zustände in der Abwesenheit materieller Aussichten liege, ist nur zum Teil wahr. Behauptete man eine solche Ausschließlichkeit, würde man den tragischen Charakter einer epochalen Krisis vernachlässigen, die insbesondere die Jugend erfaßt hat, würde man die Anspannung verkennen, die der Bankrott der modernen Kultur im Bewußtsein erzeugte, einer Kultur, der wir zwar nicht nachtrauern, deren Gelenke wir aber in unserem eigenen Wesen gleichwohl krachen fühlen.

Es gibt in dieser *Weltangst*[3], die in Deutschland zu einem einmütigen Gefühl wurde (in Frankreich herrscht

1 Im Original deutsch.
2 Im Original deutsch.
3 Im Original deutsch.

dagegen eine Stimmung platter Mittelmäßigkeit und schändlicher Unzeitgemäßheit), eine große Spannung, eine Intensivierung des ganzen Wesensinhalts. Denn der Mensch ist nicht nur im Enthusiasmus oder Elan *lebendig*, sondern auch in der Verzweiflung oder in dem, was die Leute negative Zustände nennen. Als Herr Mircea Eliade von der »Stunde der Jugend«[1] sprach, mißachtete er diesen Aspekt, der die heutige Jugend eigenartig individualisiert. Glaubt Herr Eliade denn, daß wir durch einen positiven Elan oder eine großzügige Vergeudung von Energie noch lebendig und spontan sein können?

Die Jugend ist lebendig kraft der dämonischen Leidenschaft, die sie durch ihr Leben in gefährlicher Höhe verschwendet, wo jede positive Orientierung illusorisch wird und wo jeder Sinn für schöpferische Naivität verschwindet.

Ein ängstliches Bewußtsein ist an die Stelle eines donquijotesken Elans getreten, ein Bewußtsein, das jede Wollust der Hingabe an den Zauber des Sinn- und Grundlosen beseitigt. Lebendig zu sein bedeutet nicht nur, in der Ordnung der vitalen Werte zu übertreiben, sondern auch, deren Richtung mit Inbrunst auf eine andere als die normale Ebene zu führen, die jedoch unendlich viel aufschlußreicher und zerstörerischer ist.

1 Mircea Eliade, »Scrisori către un provincial. Ceasul tinerilor« [Briefe in die Provinz. Die Stunde der Jugend], *Cuvântul*, Jg. VIII, Nr. 2708, 4. November 1932, S. 1-2.

Da ich davon überzeugt bin, daß das Chaos, in dem die heutige Welt zappelt, für einen Stil oder eine Form unempfänglich ist, daß die Jugend geraume Zeit keinen Sinn wird finden können – sie hat ja keine andere Möglichkeit als die heroischer Widerstandsfähigkeit im Ertragen des eigenen Zusammenbruchs mit grausamer und dämonischer Wollust, denn die Schaffung eines neuen Ethos ist vorerst problematisch –, will ich nicht wagen, Formeln zu empfehlen.

Uns jungen Menschen wird auf verhängnisvolle Weise mit allem zu brechen auferlegt. Freuen wir uns dieses bitteren Schicksals, das in der Weltgeschichte nur wenigen Generationen zuteil wurde.

Wenn dem so ist, dann leben wir offenkundig in einer Epoche, deren Verwandtschaft mit dem klassischen Geist gleich null ist. Und nur mit unendlichem Bedauern kann ich die Tatsache zur Kenntnis nehmen, daß Petru Comarnescu, ein so lebendiger und spontaner Geist, dessen Verdienste ihn im Kreise der Jugend unentbehrlich machten, mit steter Beharrlichkeit die neuklassische Formel befürwortet, die ich nicht nur für überlebt, sondern auch für unerwünscht halte.

Die Stunde der Jugend hat geschlagen. Aber nicht in einem klassischen und normalen Rhythmus, sondern in einem vorankündigenden und apokalyptischen.

Ferdinand Bruckner

Der außergewöhnliche Erfolg, den das dramatische Werk Bruckners[1] hatte, findet seine Rechtfertigung nicht in einer revolutionären Technik, sondern in Geist und in Stimmung, die so charakteristisch und aufschlußreich für unsere Zeit sind. Hier nehme ich Bezug beinahe nur auf sein Drama *Die Krankheit der Jugend*[2], in dem der Geist der modernen, desillusionierten, gequälten und perversen Jugend einen Ausdruck angespannter Dramatik findet. Was die Philosophie Martin Heideggers mit ihren Offenbarungen über das Nichts und über den Tod auf der Ebene der Metaphysik darstellt, stellt mit nicht weniger Anspannung und Inbrunst auf der Ebene der dramatischen Vision Ferdinand Bruckner dar. Warum war sein Erfolg in Paris viel geringer als in Deutschland? Die Erklärung ist sehr einfach für den, der sich der Atmosphäre skandalöser Unzeitgemäßheit in Frankreich, einer auf Verknöcherung beruhenden Ausgeglichenheit und der Unfähigkeit, den Sinn aktueller Probleme zu erfassen, bewußt ist. Verglichen mit der deutschen Jugend, gehen der französischen

1 Pseudonym von Theodor Tagger, geb. Sofia 1891, gest. Berlin 1958. Vgl. Ferdinand Bruckner, *Dramen*. Hg. von Hansjörg Schneider, Berlin (Ost); Wien, Köln 1990.

2 Entstanden 1925; Erstdruck: Berlin, S. Fischer, 1928.

die Unruhe, das Brodeln und jede Verzweiflung völlig ab. Ich hasse die Stimmung in Frankreich wegen der Selbstzufriedenheit, der Ausgeglichenheit und der Verkalkung, die sie bis zum Überlebtsein unzeitgemäß macht. Was kann ein Franzose von den Zuckungen und Windungen einer aus Verzweiflung, nicht aus Ästhetismus (wie bei der französischen Jugend) immoralischen, einer aus Leiden und nicht aus Langeweile perversen Jugend begreifen, was kann er sich davon aneignen?

Als unumstößliche Tatsache muß festgehalten werden, daß die deutsche Jugend zu Irrationalismus, Verzweiflung, Dekadenz, Tragödie und Halluzination nicht gelangte infolge einiger Erfahrungen von Ästheten, die, weil sie die Möglichkeiten des sich ihrer aufsehenheischenden Haltung darbietenden Lebens erschöpft hätten, zu Perversionen wie zu einer Ablenkung gegriffen hätten, sondern eine schmerzvolle Erfahrung führte sie an die Grenzen der Widerstandskraft, wo normale Wege nichts mehr zu suchen haben.

Bruckner hat aufgedeckt, was in dieser Generation faul ist, die Verachtung des Lebens, die Unmöglichkeit, glücklich zu sein, das Unbefriedigtsein usw., nicht ohne einen zustimmenden Akzent zu setzen. Sein Pessimismus ist zerstörend und läßt eine Leere zurück, die nur Halluzinierende und unheilbar an Verzweiflung Leidende ertragen können. Die ausgeprägte Ironie (insbesondere in dem Drama *Elisabeth von England*[1]) hat bei

1 Entstanden 1929/1930; Erstdruck: Berlin, S. Fischer, 1930.

ihm nichts von der Leichtigkeit und Spontaneität der Salon-Ironie, die nur den Befriedigungen einer selbstgefälligen Intelligenz oder einem nutzlosen und wohlfeilen Spiel entspringt, sondern zeugt von der Verachtung für die Widersprüche des Lebens. Es ist ein bitteres Lächeln, das jede naive Freude oder spontane Hingabe aufhebt. Der Vergleich mit Frank Wedekind drängt sich auf. Dieser brachte vor einigen Jahrzehnten eine spannungsgeladene Stimmung auf die Bühne, in der die Übertreibung ans Groteske streifte. Während bei Wedekind der Quell des Tragischen nur die Sexualität war, findet diese bei Bruckner ihren tieferen Quell im Lebensgefühl. Beide jedoch haben einen extremen und paroxystischen Ausdruck für die Ungewißheit der Zeit gefunden.

Es gibt noch etwas, was Bruckners Werk einen Zug von offenkundiger Zeitgemäßheit verleiht. Ich meine den Typus Frau, den er uns in *Die Krankheit der Jugend* vorstellt, jenen paradoxen, gequälten, von Naivität freien, perversen Typ, schließlich die moderne, völlig desorientierte Frau, die sich, ist sie einmal in die Kultur eingetreten, nicht mehr zurechtfindet, weil sie von etwas Heterogenem erfaßt wurde, so daß sich ohne jede Übertreibung behaupten läßt: Während der Mann eine epochale Krise erlebt, erlebt die Frau eine *Krise des Sexus*, denn sie wird vor die Wahl gestellt, zu leben oder zu sterben, falls sie sich in die Kultur vorwagen sollte.

Es gibt subjektive Gründe, warum man ein Land und eine Kultur vorzieht, es gibt aber auch Elemente objektiver Art, die man nicht übergehen kann. Wenn beides vorhanden ist, erfährt die Sympathie für eine Kultur eine tiefere Rechtfertigung und eine organische Grundlegung, ja sie gestattet sogar, sich jener Kultur anzuverwandeln, was im Falle eines ausschließlichen Subjektivismus unmöglich ist.

Was bedeutet in der Kultur eine Wertschätzung objektiver Art? Sie zielt auf das Gefüge der Werte als solcher, auf die Anerkennung ihrer Fruchtbarkeit. Die um die messianische Idee kristallisierten Werte des Judentums haben ihre Fruchtbarkeit und Echtheit in so hohem Maße erwiesen, daß keine ernsthafte Betrachtung sie außer acht lassen kann, selbst wenn einem die subjektive Sympathie fehlt, die einen mit dem Bereich jüdischer Werte immanent verbände. Für Spanien empfinde ich dagegen einen rein persönlichen Enthusiasmus, der in den historischen und objektiven Wirklichkeiten der spanischen Kultur nicht ernsthaft Rechtfertigung finden kann. Das Bild Spaniens erscheint mir in Traumherrlichkeit, in unwirklichem Zauber, in einer bannend sehnsüchtigen Vision. Alles, was der Sehnsucht entsprießt, wird in paradiesischen Farben ausgemalt und

drückt eher romantische Ansprüche unserer Seele als greifbare Wirklichkeiten aus. Von Andalusien kann ich nicht objektiv reden, denn über die wenigen Betrachtungen Ortega y Gassets[1] hinaus kann ich nicht umhin, Projektionen des inneren Lichts beizufügen, die Andalusien zu demjenigen Winkel der Erde machen, wo das Gefühl einer heiteren Ewigkeit seinen günstigsten äußeren Rahmen fände. Die interessantesten Bilder der Kulturen sind jene, die einen lyrischen Quell haben, denn in diesem Fall bezieht ein subjektiver Elan aus der historischen Physiognomie der betreffenden Kultur einen überaus bezwingenden Lebensrhythmus, einen besonderen Glanz und unwiderstehliche Verlockung.

Wenn ich von Deutschland rede, kann ich nur lyrisch sein. Ich werde jedoch niemals zugeben, daß dieser Lyrismus rein inneren Wesens ist, sondern bejahe stets eine seiner Determinanten objektiver Art. Auf dieser Erde gibt es keine Kultur, die sich durch so viele Errungenschaften, durch eine so reiche und komplexe Vielfalt, durch eine so überquellende und unendlich nuancenreiche Verschiedenartigkeit ausgezeichnet hätte. Die deutsche Tiefe ist nicht nur *Inbrunst*, sondern auch Mannigfaltigkeit der Ebenen. Eine Vielheit äußerer Formen und objektiver Zusammenhänge, geistiger Ebenen und idealer Strukturen weist auf eine innerliche Differenzie-

1 José Ortega y Gasset, »Teoría de Andalucía«, *El Sol*, April 1927; dt. »Theorie Andalusiens«, übers. von Helene Weyl, *Gesammelte Werke*, Bd. IV, Stuttgart: Deutsche Verlags-Anstalt, 1956, S. 461-472.

rung und qualitative Komplexität hin, keineswegs auf Divergenz oder Zerrüttung. Es wurde hartnäckig von einer Art *Formlosigkeit*[1] des deutschen Geistes gesprochen, von einem Unvermögen dieses Geistes, Gestalt anzunehmen. Das ist zwar richtig, aber nicht in der abschätzigen Bedeutung wie in den Betrachtungen der Franzosen, sondern in einem viel reicheren und positiveren Sinn. Formlosigkeit kann einen inneren Mangel oder ein inneres Unendliches anzeigen. Eine Armut an Inhalten, die nicht zu einem universalen Sinn konvergieren können (wie dies in den kleinen Kulturen der Fall ist), wird die Welt der Formen niemals erreichen, wird sich niemals in einer angemessenen Form verwirklichen können, sondern wird fortwährend *unterhalb der Form* verharren, wie die kleinen Kulturen eben unterhalb der Geschichte leben. Während diese Unfähigkeit, eine Form zu erreichen, auf einen konstitutionellen Mangel zurückgeht, erklärt sich das Stehen *jenseits* der Formen, das Übersteigen der Formen durch eine innere Unendlichkeit. Überquellende Fülle und unendliche Komplexität können in der Form keine Ruhe mehr finden, sondern brechen in einem dynamischen Auftrieb von paradoxer Intensität aus. Alles, was die Deutschen schufen, atmet diesen unbeherrschten inneren Dynamismus. Die Weltanschauung, von der deutschen Mystik an, über Leibniz, Hegel bis hin zur zeitgenössischen, von

1 Im Original deutsch.

Schopenhauer und Nietzsche angeregten Lebensphilosophie, ist von einem apokalyptischen Pathos des Werdens durchtränkt, von einem Hingerissensein und einem Rausch angesichts der unerschöpflichen Schöpfungskraft des Lebens. Wer sich dieses Phänomens der inneren Unendlichkeit der deutschen Seele nicht bewußt ist, wird nie begreifen, weshalb *Gotik, Barock und Romantik* spezifische Kategorien und Erscheinungsformen dieser Seele und dieser Kultur sind. Bringen nicht der Transzendentalismus der gotischen Seele, ihr Streben zu den Höhen und ihre Unzufriedenheit mit den vom Begriff gebotenen Gegebenheiten, der Aufschwung des metaphysischen Geistes und der Rausch der Transzendenz einen Aspekt der deutschen Seele zum Ausdruck? Und ebenso der Dynamismus des Barock mit seiner gleichzeitigen Vorliebe für Mechanik und Mystik? Von der Romantik brauche ich gar nicht zu sprechen. Das Zeitalter der deutschen Romantik ist die komplexeste und fruchtbarste aller Epochen der Moderne.

Die wahrhaft beeindruckende Aktualität Deutschlands besteht darin, alle seine gotischen und barocken Möglichkeiten angesichts der Probleme der zeitgenössischen Kultur entwickelt, die ganze Komplexität dieser Probleme mit einem unendlichen Dramatismus gelebt zu haben. In das Bewußtsein des heutigen Menschen, das ein ängstliches, aufgewühltes und gequältes, bis hin zum Paroxysmus angespanntes, unter äußerst schmerz-

hafter Spannung stehendes Bewußtsein ist, haben nur die Deutschen verständnisvoll hineinzublicken vermocht, denn das Drama der zeitgenössischen Kultur ist zuvörderst ein deutsches Drama. Was soll Frankreich schon von diesen Dingen verstehen, Frankreich, das derzeit in einer skandalösen geistigen und politischen Unzeitgemäßheit lebt?

Eine Kultur, der Klassizismus (als Geistesform) und Rokoko zugrunde liegen, kann nur unzeitgemäß sein.

Diese Welt hat nur drei große Kulturen hervorgebracht: die indische, die griechische und die deutsche. Die meisten Genies hat Deutschland hervorgebracht. Obgleich bereits diese quantitative Einschätzung recht bezeichnend ist, gewinnt sie noch auf qualitativer Ebene, wenn man bedenkt, daß die Mehrheit dieser Genies in zwei Bereichen schöpferisch war, und zwar den tiefsten des Geistes: in der Metaphysik und in der Musik.

Nur eine gotische, barocke oder romantische Seele spürt die Notwendigkeit der Objektivation seelischer Zustände in Metaphysik und Musik. Die Verbindung zu den wesentlichen Wurzeln der Welt, dem Urgrund des Seins und dem tiefinneren Rhythmus des Daseins wird nur in derartigen Beschäftigungen Wirklichkeit. Die Wagnersche Musik eröffnet ebenso tiefe Offenbarungen über die Welt wie die Hegelsche Metaphysik.

Wenn ich nach einer zusammenfassenden und ausdruckskräftigen Kennzeichnung der deutschen Kultur suchte, wäre, wie ich glaube, *monumentale Innerlichkeit*

eine angemessene und wesentliche Formel. Sie schließt zwei große Strebungen des deutschen Geistes ein: das Streben zu organischer und wesentlicher Innerlichkeit, die den Wallungen eines tiefen Lyrismus entspringt, und das Streben, einen inneren und tiefen Lyrismus zu monumentalisieren, auf monumentaler Ebene zu verklären.

Ich denke nicht ohne Melancholie an das Schicksal der rumänischen Kultur, die ein Parasit der französischen ist. Wir wären unvergleichlich viel weiter, wenn wir uns statt im Schatten Frankreichs im Schatten Deutschlands aufgehalten hätten. Alle Werte der französischen Kultur wahren den Grundzug eines formalen Gleichgewichts, der (als übergeschichtliche Form und Haltung) in den verschiedenen Spielarten des Rokoko nicht mehr aufrechtzuerhalten ist, und diese Spielarten werden in den kleinen Kulturen zu Karikaturen und zu Kompromissen. Alles, was Frankreich geschaffen hat, wahrt den Grundzug einer Vollendung, die in einem anderen Zusammenhang keinerlei Ausdruckskraft mehr hat. Wenn wir jedoch Kulturwerte von den Deutschen übernommen hätten, deren Komplexität und deren Monumentalstil sich zur Karikierung nicht hergeben, würde unsere Lage sicherlich eine andere sein.

Gegen eine schmähliche Abhängigkeit von Frankreich gibt es in Rumänien sehr wenig Widerstand. Unter den Jungen wenden sich Mircea Vulcănescu[1], Mircea

1 Mircea Vulcănescu (1904-1952), Soziologe, Philosoph. Verfaßte eine

Eliade[1], Petru Comarnescu[2], Petre Pandrea[3], Traian Herseni[4] und Petru Manoliu[5] anderen geistigen Rich-

Studie über die »rumänische Dimension des Daseins« (*Dimensiunea românească a existenței*, 1943), die er Cioran widmete und die als Gegenschrift zu dessen *Schimbarea la față a României* (1936) gedacht war. Ciorans briefliche Antwort darauf (1944) ist erhalten. Auch schrieb Vulcănescu 1941-1946 ein Buch über Nae Ionescu, das erst 1992 erschien. 1946 als Unterstaatsuntersekretär im Finanzministerium angeklagt; starb im Gefängnis.

1 Maßgeblich für Eliades rumänische Zeit bleibt die zweibändige Biographie von Mac Linscott Ricketts: *Mircea Eliade. The Romanian Roots, 1907-1945*, New York: Columbia University Press, 1988 (East European Monographs, 248).

2 Petru Comarnescu (1905-1970), Essayist, Kunstkritiker, Kulturphilosoph, Übersetzer. Studierte in den USA Philosophie (1929-1931). Von 1931 bis 1937 führte Comarnescu ein Tagebuch, das 1994 veröffentlicht wurde. Cioran hatte ihm einen Aufsatz gewidmet: »Petru Comarnescu: *homo americanus*«, *Azi*, Jg. II, Nr. 1, Januar 1933, S. 572-573. Siehe auch oben »Wohin geht die Jugend?«

3 Petre Pandrea, Pseudonym von Petre I. Marcu (1904-1968), Essayist, Journalist. Studierte unter anderem in Berlin, Heidelberg, München, Paris, Budapest (1926-1933), bekannte sich zum Kommunismus. 1934 veröffentlichte er im Verlag der linksgerichteten Tageszeitung *Adevărul* das Buch *Germania hitleristă. Trei luni la Berlin. Documente, idei, oameni* (Hitlerdeutschland. Drei Monate in Berlin. Dokumente, Ideen, Menschen), eine der ersten antifaschistischen Schriften in Rumänien, das 1971 in einer Auswahl seiner Schriften neu herauskam. Vor und nach dem Zweiten Weltkrieg mehrmals in politischer Haft.

4 Traian Herseni (1907-1980), Soziologe, Psychologe, Volkskundler, Professor an der Universität Bukarest. 1952-1956 in politischer Haft. Stand zunächst politisch links, war aber später an der nationallegionären Regierung (September 1940 bis Januar 1941) beteiligt und schrieb zwischen November 1940 und Januar 1941 prolegionäre Aufsätze wie »Der Mythos des Blutes«, »Die gesellschaftliche Auffassung der Legion«, »Rasse und nationales Schicksal«, abgedruckt in: *Ideea*, S. 340 ff., 348 ff., 357 ff.

5 Petru Manoliu (1903-1976), Schüler Nae Ionescus; Journalist, Prosaschriftsteller, Dramatiker, Dichter, Übersetzer.

tungen zu als der französischen, und einige von ihnen sind davon überzeugt, daß wir uns nur durch Germanisierung retten können. Werden wir Jungen denn eine Pleiade Deutschfreundlicher bilden können, um eine durch zuviel Franzosentum verseuchte Kultur zu erneuern? Da ich sehr pessimistisch bin, wenn ich über dieses Land rede, kann ich nur mit dieser Frage enden.

Deutscher Brief

Ich möchte die Freude darüber kundtun, mich in einer Welt zu befinden, die politisiert ist, ohne daß deren politischer Geist widerwärtig wäre. Ich habe das Politische stets für eine Randerscheinung des geistigen Lebens gehalten, weil es, an sich betrachtet, nur eine Reihe von nichtssagenden Äußerlichkeiten ist, weil es ihm um Rahmen und Formen geht, weil es zu vitalem Verstehen und innerem Rhythmus, zu einer qualitativen Komplexität oder zu organischen Ausbrüchen unfähig ist. Wenn der politische Geist im heutigen Deutschland nicht unangenehm ist, so ist dies den vielfältigen Zusammenhängen und Beziehungen zu verdanken, womit ihn die Deutschen in die allgemeinen Formen des Geistes einbinden. Denn sie haben die Plattheit des Politischen als einer Reihe autonomer Werte überwunden, und zwar durch den Versuch, eine politische Erscheinung auf einer Lebenshaltung zu begründen, auf einer Reihe von Werten, die in anderen Ländern unabhängig von den politischen Werten sind. Mich begeistert diese Bemühung um Konvergenz, die religiöse, künstlerische, philosophische usw. Werte in den Bereich des Politischen bewußt einbezieht und eine politisierten Welt zu etwas anderem als einer platten Welt macht. Wenn man bedenkt, daß in den meisten demokratischen Ländern

der Bereich des politischen Lebens von dem Bereich der anderen Werte abgekoppelt ist, daß die Diskrepanz und die Autonomie des Politischen in bezug auf die anderen Formen ein Tätigkeitsfeld isoliert und dieses einem Kreis von heillosen Nullen zuweist, kann man nicht umhin, das deutsche Phänomen zu bewundern, das dem Politischen durch Mitwirkung der anderen Geistesformen zwangsweise Leben eingehaucht hat. Es nötigt Bewunderung ab, wenn man sieht, wie ein Regime, um sein Dasein zu rechtfertigen, das Recht verändert, die Religion umwandelt, der Kunst eine andere Richtung gibt, eine andere Perspektive der Geschichte konstruiert, drei Viertel der anerkannten Werte brutal beseitigt, rasend verneint und dabei vor Enthusiasmus pulst. Wenn man mir einwenden möchte, die politische Ausrichtung von heute sei unzulässig, sie beruhe auf falschen Werten, der ganze Rassismus sei eine wissenschaftliche Illusion und die germanische Ausschließlichkeit kollektiver Größenwahnsinn, will ich entgegnen: Was bedeutet das schon, wenn Deutschland sich doch unter einem derartigen Regime wohl, frisch und vital fühlt. Einige sagen: Aber wo findet sich die Teilnahme des Bürgers an der Regierung, wo ist die tatsächliche Freiheit, individuell einzugreifen und sich individuell zu äußern, geblieben? Ich jedoch werde allen Demokraten erwidern: An der diktatorischen Herrschaftsform von heute nimmt der Bürger mit mehr Seele teil als an einer schalen Demokratie mit ihren Illu-

sionen von Volksvertretung und mit der skandalösen Atomisierung, die die demokratischen Regimes zum armseligen Schein politischer Existenz gemacht haben. Die demokratische Regierungsform ist die bewunderungswürdigste Regierungsform, wenn sie in ihrer idealen Ausrichtung betrachtet und nach ihren reinen Werten und Forderungen beurteilt wird, aber praktisch und historisch ist sie dem Menschen äußerlich und unzulänglich geworden. Wer diese schicksalhafte Entwicklung nicht begreift, durch die die Lebensformen auf wesenhafte Weise unzulänglich und unserem Seelengrund – durch Abnutzung – äußerlich werden, wird sich mit dem Übergang von der Demokratie zur Diktatur niemals abfinden. Alle Demokraten der Welt müssen gefragt werden: Warum *mußte* die Diktatur in Deutschland errichtet werden? – ebenso wie alle Menschen gefragt werden müssen: Warum stellen sie sich in ihrem Einzeldasein einen *amor fati* vor und wollen in der Politik keinen zulassen? Nichts ist schmerzhafter, als zu sehen, daß die Menschen für geschichtliche Notwendigkeiten unempfindlich sind und so wenig barbarisch, daß sie den irrationalen Rhythmus des Lebens nicht verstehen.

Auf dem Weg nach Prag sagte mir ein Tscheche, Sozialdemokrat, ein Sanftmütiger, wie man ihn heute nur noch unter Demokraten finden kann (wahrscheinlich wegen des Bewußtseins der Unwiderruflichkeit), mit voller Überzeugung, der Hitlerismus werde gewiß in

zwei Monaten zusammenbrechen, und er bedauerte die Mutlosigkeit und den Mangel an Brutalität bei den deutschen Sozialdemokraten, die, hätten sie die betreffenden Eigenschaften gehabt, heute sicherlich an der Macht wären. Dieser Mann stimmte unbewußt das Lob des Hitlertums an. Oder soll ich von einem rumänischen Freund hier in Berlin sprechen, der über ein außergewöhnliches Temperament und eine ebenso tiefe wie überschäumende Leidenschaft verfügt und mir zwölf Stunden am Stück ein Loblied auf die demokratische Herrschaftsform und ihre gegenwärtigen Notwendigkeit sang, ohne mich zu überzeugen? Ich bin auf Menschen gestoßen, deren einziges Verlangen das Wiedererstarken der Aufklärung ist, die das XVIII. Jahrhundert bewundern und die Wiedergeburt des Geistes dieses Zeitalters herbeisehnen. Ich aber erlaube mir, eine weitere Freude zu bekennen: diejenige, in einer Zeit zu leben, in der der Irrationalismus in alle Bereiche eingebrochen ist, und in dieser Tatsache die höchste Bestätigung einiger metaphysischer Annahmen zu finden.

Die Zeit ist gekommen, da man den Irrationalismus nicht nur in der Philosophie, sondern auch in der Politik ausrufen muß. Niemand ist Irrationalist in der Politik, wenn er die Formen achtet und gleichgültig auf deren Tod wartet. Das Leben wie ein Fatum auf sich zu nehmen und in und mit dieser Schicksalhaftigkeit gegen alles zu kämpfen, was Widerstand, Tod und Unwiderruf-

liches ist. Und sicher zu wissen, daß das Leben nichts ist als ein Weg zum Tode. Jeder Irrationalismus ist eine Paradoxie; denn er drückt eine Paradoxie des Lebens aus. Mögen wir den Hochmut haben, um in den Widersprüchen des Lebens zu sterben.

Im gegenwärtigen historischen Augenblick ziehe ich dem Rationalismus der demokratischen Politik den barbarischen, explosiven, fruchtbaren und beseelten Irrationalismus vor, der einen Sieg der Lebenskraft, des Elans und der verzweifelten Tat über die toten Formen, den Legalismus und den Juridismus anzeigt. Der politische Irrationalismus geht von der Steigerung der Lebenskräfte im Kampf mit den veralteten Formen aus. Daher die Mischung aus Barbarei, Enthusiasmus, Verzweiflung und Überschwang. Niemand wird das deutsche Phänomen verstehen, wenn er nicht von Natur aus für diese Mischung empfindlich ist, für diese bewundernswerte Verwirrung und dieses produktive Brodeln.

Große politische Erscheinungen entfalten sich nicht linear, sondern in einer aufrührerischen Komplexität, deren Sinn allein durch die immanente Schicksalhaftigkeit, die organische Substruktur bestimmt und nur von einem Menschen erfaßt werden kann, der das Lebendige versteht. Kein Land der Welt wird je eine Politik großen Stils haben, wenn es nicht über den Mut zum eigenen Dasein verfügt, allerdings über einen grenzenlosen Mut von unendlicher Überschwenglichkeit und von großem Irrsinn. Und mich packt die Melancholie, wenn

ich daran denke, daß an der Mündung der Donau ein Land den Mut zum eigenen Dasein nicht hat.

Berlin, November 1933

Blicke auf Deutschland

Um den Geist des heutigen Deutschland zu verstehen, ist es nötig, daß man alles Übertriebene unbedingt liebt, alles, was einer maßlosen und überschäumenden Leidenschaft entspringt, daß man sich für alles begeistert, was irrationaler Aufschwung und bestürzende Monumentalität ist. Ich habe Deutschland immer wegen jenes Charakters der Formlosigkeit[1] geliebt, die zuweilen ins Groteske ausartete. Gleichwohl ist nicht weniger wahr, daß wir ihm einen Teil der erhabenen Werte und Errungenschaften verdanken, die uns vorübergehend aus der Vulgarität des Alltagsdaseins herausreißen. In dieser Welt dürfen nur die maßlosen Menschen geliebt werden. Alle anderen sind, wenn sie nicht intelligent sind, mittelmäßig, berechnend, mit kritischem und ironischem Geist. Aber allen diesen stelle ich die Frage: Ist nicht die Zeit gekommen, da wir mit allem aufräumen müssen, was kritischer Geist, Kalkül, Maß und Form ist? Wahrlich, vieles gilt es noch zu verneinen, damit uns die Verneinung zu Gewißheiten, zur Verzückung und zum Erhabenen führe.

Wenn das heutige Deutschland etwas getan hat, wenn die Deutschen in einem irrsinnigen Enthusiasmus

1 Im Original deutsch.

und einem bewunderungswürdigen Brodeln leben, so deshalb, weil sie irgendwann den Mut zu einem Bruch aufbrachten, die Leidenschaft einer fruchtbaren und schöpferischen Barbarei, die Fähigkeit, unendlich viel zu wagen, und vor allem einen Messianismus, den Fremde nur schwer begreifen können. Hier will ich nicht von der Haltung der kleinen Länder angesichts des Phänomens Hitler reden und auch nicht von meiner persönlichen Haltung, sondern mir geht es darum, ob das Phänomen Hitler am immanenten Sinn der deutschen Geschichte teilhat oder nicht. Jeder Mensch mit noch so geringem Geschichtsverständnis muß die unbestreitbare Tatsache anerkennen, daß der Hitlerismus für Deutschland zum *Schicksal* geworden ist. Man muß einen hohen Sinn für das Fatum haben, um objektiv sein zu können. Alle geschichtlichen Phänomene großen Stils sind verständlich, wenn sie im Zeichen des Fatums betrachtet werden, eines immanenten Schicksals, das der Struktur und der Substanz einer historischen Lebensform entsprungen ist. In den eingeschränkten Formen geschichtlichen Lebens ist – da es keinen eigenen und inneren Lebensantrieb, da es keine geheime Notwendigkeit gibt, sondern nur Abhängigkeiten, Nachahmungen und Kompromisse – keinerlei Schicksalhaftigkeit zu finden, die eine Richtung wiese, sondern nur stumpfsinnige und bedeutungslose Willkür. Kleine Kulturen haben keinen Sinn und keinen Wert in der geschichtlichen Welt. Deshalb müssen

sie zwar nicht zerstört, wohl aber vernachlässigt werden.

Was einen als Ausländer beeindruckt, wenn er sich mit einem beliebigen Deutschen, unabhängig von Bildung und gesellschaftlichem Stand, unterhält, ist der zum Äußersten getriebene Messianismus. Den möchte ich sehen, der mir in ganz Deutschland einen einfachen Bürger zeigt, der nicht davon überzeugt ist, Deutschland stehe in der Welt an erster Stelle, während alle anderen nichts als armselige, ungefähre Existenzen seien. In Rumänien stimmen alle Bürger darin überein, daß sie im unglückseligsten Land des Erdballs leben, in einem Land, das nicht einmal verdient, zu leben. Wie sollte man da nicht beeindruckt sein von dem unendlichen Hochmut dieser Nation, von ihrem Bewußtsein, eine Sendung in der Welt zu haben und einen geschichtlichen Gipfel zu erklimmen? Wenn der russische und der jüdische Messianismus religiös eingefärbt sind, so ist der deutsche geschichtlichen Wesens. Während im russischen und im jüdischen von einer Befreiung und einer Erlösung durch ein Volk mit göttlichen Aufträgen gesprochen wird, deren Erfüllung zu einer Auflösung des historischen Prozesses führt, so geht der germanische von der Vortrefflichkeit eines Volkstypus innerhalb der anderen Volkstypen aus und bleibt bei einer tatsächlichen Verwirklichung in der Immanenz der Geschichte stehen. Die ersten beiden haben offenkundig apokalyptischen Charakter, die augenfällige Absicht, die Ge-

schichte zu transzendieren, die Geschichte letztlich zu bezwingen. Der germanische Antisemitismus hat seinen Ursprung in der instinktiven Reaktion des nordischen Messianismus deutschen Wesens gegen den südlichen Messianismus jüdischen Wesens. Dasselbe gilt vom russischen Antisemitismus. (Unter den historischen Bedingungen, unter denen sie leben, sind die Juden zu begabt, um bezwungen zu werden, so wie sie zu begabt sind, um jemals Sieger zu sein.)

Hat Gott denn nicht genug gelitten, als er seinen Sohn ans Kreuz schlagen ließ, daß er sein auserwähltes Volk mehrmals kreuzigen mußte?

Nie werde ich das Gespräch vergessen, das ich neulich mit einem deutschen Bürger führte und das, gleichsam sinnbildhaft, vor dem Reichstag begann. Dieser Mann war dermaßen von einem geistigen und politischen Pangermanismus überzeugt, daß ich vor Staunen erstarren mußte. Und um so mehr erstarrte, als er die Dinge, die er mir sagte, nicht aus Büchern kannte, sondern aus Diskussionen, aus Versammlungen und von Reisen. Mit eindrucksvoller und gleichzeitig grimmiger Ausschließlichkeit führte er alle menschlichen Werte auf Werte germanischen Wesens zurück. Alles Großartige, Monumentale, Geniale und Schöpferische sei germanisch. Alle anderen Kulturen seien bloß Karikaturen.

Frankreich? Die ganze französische Kultur eine Lüge, ein oberflächliches Spiel und eine unausgesetzte Kleinlichkeit auf allen Ebenen des Geistes. Als ich ein-

wandte, daß es sehr wohl auch Kulturen gibt, die nicht das Monumentale gepflegt haben, so etwa die japanische, die französische, die griechische und chinesische Kultur, erwiderte er mir, daß er nur das Gotische in den menschlichen Werten anerkenne... Selbst die Kunst der italienischen Renaissance sei in ihren großen Werken germanisch. Michelangelo sei dafür typisch.

– Nun gut, aber der Dynamismus Michelangelos läßt sich aufgrund des Übergangs erklären, den er von der Renaissance zum Barock vollzieht!

– Es gibt keinen echten Barock außer demjenigen germanischen Ursprungs, weil der ein Wiedererstarken der Gotik in der Neuzeit ist.

– Dies ist auch die Ansicht Worringers[1], Wölfflins, Spenglers.

– ?

– Und dann bedenken Sie, wie hätten die Italiener einen Leonardo hervorbringen können? Nur ein gotischer Geist kann so viele Bereiche umfangen. Die Musik ist eine spezifisch deutsche Schöpfung ebenso wie die Dichtung, die Metaphysik usw.

Nirgends komme die nationalsozialistische Gesin-

1 Vgl. Wilhelm Worringer, *Formprobleme der Gotik,* München: R. Piper, 1919, S. 86: »Der romanische Stil ist ebenso wie das Barock der Versuch einer Gotik mit untauglichen, nämlich nur organischen Mitteln. Und immer mehr kommt es uns zu Bewusstsein, wie die Renaissance nur eine Art Fremdkörper ist in dieser ungeheuren, sonst ununterbrochenen Entwicklung von den frühsten nordischen Anfängen bis zum Barock, ja zum Rokoko hin.« S. 127: »Im Barock ist der gotische Charakter ja trotz der ungotischen Ausdrucksmittel noch ganz offenkundig.«

nung deutlicher zum Ausdruck als in den Urteilen über die Wissenschaften.

– Alle deutschen wissenschaftlichen Erfindungen und Entdeckungen wurden zum Nutzen der Gemeinschaft gemacht. Die französische Wissenschaft hat nur eine Menge Nutzlosigkeiten entdeckt und erfunden, die die menschlichen Gemeinschaften zu nichts verpflichten.

Wenn ich dies ertrug, so war es meiner alten Leidenschaft für Absurditäten zu verdanken.

– Deutschland ist kein zweitrangiges Land. Es wird Europa zeigen, daß es in der Politik die höchste Wirklichkeit ist. Der Völkerbund? Die größte französische Lüge.

– Einverstanden.

– Rumänien hat von Frankreich nichts zu gewinnen gehabt. Und übrigens, ist Rumänien das Werk Frankreichs oder Deutschlands?

Diese dumme Frage bringt mich endgültig durcheinander.

– Was ihr Rumänen auch sagen mögt, Rumänien ist eine Schöpfung Deutschlands. Es ist die Frucht des beharrlichen deutschen Strebens und der deutschen Erziehung des Königs Carol I.! Ich würde gern sehen, was ohne diesen König deutscher Herkunft und Erziehung aus euch geworden wäre. Rumänien hat noch viel zu lernen, insbesondere was Ordnung und Erziehung angeht. In sehr vielen Hinsichten ist ihm Bulgarien überlegen usw.

Die Ansichten dieses Individuums sind in der deutschen Bevölkerung allzuweit verbreitet, als daß sie es nicht verdienten, hier wiedergegeben zu werden. Hätte sie mir ein Bibliotheksmensch mitgeteilt, ich hätte sie nicht wiedergegeben, weil ich sie für das Ergebnis einer individuellen Information und individuellen Nachdenkens gehalten hätte und als solche weniger aufschlußreich für die allgemeine Geisteshaltung eines Volkes.

Wir trennten uns nach mehrstündigem Gespräch. Auch heute noch ist mir die leidenschaftliche Betonung im Gedächtnis, mit der er die allzu häufigen Ausdrücke aussprach: »deutsches Volk«, »deutsches Wesen«, »deutsche Erziehung«[1] usw.

Georg Simmel ist der Ansicht, Nietzsches Eigenart sei »das Gefühl der Feierlichkeit des Daseins«.[2] Dieses Gefühl ist in verschiedenem Maße allen Deutschen wesentlich. Jeden Augenblick den symbolischen Charakter deiner Geste im Bewußtsein zu haben, jeden Augenblick so zu leben, als bestehe dein Dasein aus einer Abfolge von Wendepunkten und die innerste Gestaltwerdung erhebe dich unausgesetzt zu deinem Idealtypus – dies ist ein Lebensgefühl von absolutem Dynamismus.

1 Im Original deutsch.

2 Im Original deutsches Zitat in Klammern. Georg Simmel, *Schopenhauer und Nietzsche. Ein Vortragszyklus,* Leipzig: Duncker & Humblot, 1907, I. Vortrag. Schopenhauer und Nietzsche in ihrer geistesgeschichtlichen Stellung, S. 5: »Ihm [Schopenhauer] geht völlig das Gefühl ab, das bei Nietzsche überall durchbricht: das Gefühl für die Feierlichkeit des Lebens.«

Niemand kann dieses Gefühl der Feierlichkeit empfinden, wenn er nicht fühlt, daß sein Einzeldasein eine Sendung beinhaltet, die sich jederzeit erfüllen kann, obgleich sie sich nie erfüllt. Du lebst symbolisch für die Werte, die du hegst und pflegst, und diese Werte betrachtest du als unzurückführbar, absolut. Niemand kann dieses Gefühl der Feierlichkeit haben, wenn er nicht glaubt, daß sein Dasein zu einem Absoluten, zu einem Unbedingten, in sich Vollendeten werden kann. Da dieser Prozeß jedoch reine Absichtlichkeit anzeigt, denn niemand kann eine Sendung erfüllen, niemand kann sich im Leben ganz verwirklichen, gibt es ein recht deutlich erkennbares Tragisches in dieser Feierlichkeit, die eine Maske sein kann, um wer weiß welche Tragödien zu verdecken. Der Deutsche ist nicht ein Menschentypus, der für seine Seelenzustände lebt, er kultiviert nicht den Psychologismus, sondern er lebt die Seelenzustände in Verbindung mit den Werten und Normen, die von diesen Zuständen herrühren oder mit ihnen zusammenhängen. Daher das Übermaß an Pädagogik, an Moral, der skandalöse Normativismus, die Auffassung der Pflicht. Daher auch ihre Neigung, das Leben ernst zu nehmen. Das Fehlen des Wirklichkeitssinnes bei den meisten nordischen Menschen rührt von diesem unentwegten Ernst her. Denn mehr als drei Viertel der Aspekte des Lebens verdienen nicht, ernst genommen zu werden. Nimmt man sie aber ernst, so wird man auf fatale Weise schwärmerisch, lächerlich, kindisch oder hei-

lig. Doch noch ist die Zeit nicht gekommen, daß wir auch die Deutschen überflügeln...

Berlin, November 1933

Sie haben sicherlich die anregende Erfahrung gemacht, zwei, drei Stunden durch ein riesenhaftes Museum zu gehen, das mit den orientalischen Kulturen beginnt und mit unserer Zeit endet. Diese oberflächliche Orientierung ist so bewundernswert und so suggestiv, daß man das Bedürfnis verspürt, sie sooft wie möglich zu wiederholen. In einigen Minuten mit einer Kultur, einem Stil, einer Vision und einer Lebensform aufräumen zu können, in einem eng bemessenen Zeitraum zu versuchen, sich in einer Vielfalt fremder Formen zu verlieren, sich biegsam und dehnbar zu machen und anschließend durch wenige Schritte eine Welt auszublenden, um in eine andere einzutreten, dies scheint mir etwas so Seltsames, von so bedeutender Ironie zu sein, daß ich diese Freude ironischer Art nicht für mich behalten kann, ohne andere daran teilhaben zu lassen. Nietzsche sprach von einer Freiheit über den Dingen;[1] in den Museen hat

1 Nietzsche, *Die fröhliche Wissenschaft* (*»la gaya scienza«*) [1882/1887], Zweites Buch, § 107, Unsere letzte Dankbarkeit gegen die Kunst: »Und gerade weil wir im letzten Grunde schwere und ernsthafte Menschen und mehr Gewichte als Menschen sind, so thut uns nichts Nichts so gut als die Schelmenkappe: wir brauchen sie vor uns selber – wir brauchen alle übermüthige, schwebende, tanzende, spottende, kindische und selige Kunst, um jener Freiheit über den Dingen nicht verlustig zu gehen, welche unser Ideal von uns fordert.« *Werke. Kritische Gesamtausgabe.* Hg. von Giorgio Colli und Mazzino Montinari, Bd. V, 2, Berlin, New York: Walter de Gruyter, 1973, S. 141.

man die Empfindung einer Freiheit über der Geschichte. Und was ist diese Freiheit anderes als der Ausdruck einer ironischen Freude, die dich in einen Überlegenheitswahn versetzt, jenseits alles dessen, was bis heute geschaffen wurde? Du paßt dich den verschiedenen historischen Stilen an, doch du paßt dich nur an, um nachträglich den fatalen *Abstand*, der dich von ihnen trennt, zu ermessen. Du drehst dich in einer Vielfalt von Stilen, benommen, verwirrt und desorientiert, außerstande eine Konvergenz und eine Hierarchie zu finden, bewunderst und verachtest die Menschengeschichte, mit der dich nur eine verhängnisvolle Getriebenheit hin zu einer Welt von Werten verbindet, mit denen du arbeitest, selbst wenn du sie nicht billigst. Spenglers Formel »erhabene Zwecklosigkeit«[1] erschien mir erst jetzt wahrhaft bedeutsam, um das sinnlose Hervorbrechen von Kulturstilen in der Geschichte, das irrationale Aufkommen neuer Inhalte und neuer Kristallisationen, das Werden spezifischer Formen außerhalb jeder Finalität und jedes Sinnes zu erfassen.

Eine vergleichbare Empfindung erlebt man, wenn man an einer Universität, ohne sich mit einem bestimmten Fach eingehender zu befassen, von einer Lehrveranstaltung zur anderen geht. Unzurückführbarkeit und Ir-

1 Im Original deutsch. O. Spengler, *Der Untergang des Abendlandes. Umrisse einer Morphologie der Weltgeschichte,* Bd. I: *Gestalt und Wirklichkeit,* München 1917, Einleitung, 7, S. 29: »Diese Kulturen, Lebewesen höchsten Ranges, wachsen in einer erhabenen Zwecklosigkeit auf wie die Blumen auf dem Felde.«

rationalität der Kulturstile und -ebenen teilen sich dir in demselben Umfang mit wie in einem Museum. Von der modernen Philosophie wechselst du zur chinesischen Kunst, von der Ökonomie zur Metaphysik und von der mittelalterlichen Kunst zur Geschichte Rußlands. Alle diese Deutschen, die ebenso belesen wie unbegabt sind, offenbaren mir, ebenso wie der Besuch eines Museums, dieselbe Nutzlosigkeit der Geschichte und dasselbe Unvermögen allem gegenüber, was sich in der Zeitlichkeit aufzehrt. In einem bestimmten Augenblick des Lebens erkennst du, daß dich fast kein Ereignis aus der Vergangenheit mehr angeht, und wenn es dennoch vorkommt, daß es dich angeht, so drängt es sich dir nicht aus zeitlichem Abstand auf, sondern als Phänomen subjektiver Integration. Dann zählt nur das, was du aus jenem Ereignis für dich selbst ziehen kannst, um dich innerlich zu befruchten, und keineswegs die historische Objektivität jenes Ereignisses. Mir scheint es unnütz und platt, sich mit Phänomenen zu beschäftigen, um sie erkennend auszuschöpfen, wenn diese Erkenntnis für dich selbst, für dein Schicksal und für deine Sendung völlig nichtssagend ist. *Geschichte,* im allgemeinsten Sinn dieses Wortes, können nur jene machen, für die es das Problem ihres persönlichen Daseins, der tragischen Einzigkeit nicht als absolutes Problem gibt. Deswegen gibt es Menschen, denen man ernsthaft die Frage stellt, ob sie noch etwas zu lernen haben. Nicht etwa, weil sie zu viel wüßten, sondern weil Informationen objektiver Ord-

nung irgendwann nichts mehr beweisen. Selbst wenn du wissen wolltest und Informationen zusammentragen möchtest, fällt es dir schwer, sie von Menschen mit einem beschränkteren Seelenleben als deinem zu beziehen. Habt ihr nie die Unmöglichkeit erlebt, von einem objektiven Menschen etwas zu empfangen? Habt ihr nie die Weigerung gekannt, von Menschen informiert zu werden, die ausschließlich das Produkt von Büchern sind? Wenn es um Existentialität und um Subjektivismus geht, von wem können wir noch etwas lernen oder von wem noch etwas empfangen?

Nicht nur an der Berliner Universität, sondern an jeder Universität der Erde würde mich gewiß dasselbe sonderbare und unschlüssige Gefühl anwandeln: Ich fühle, daß ich im Vergleich zu diesen Professoren sehr wenig weiß, und dennoch fühle ich, daß ich von ihnen nichts lernen kann. Alle diese Menschen, die ihr Leben zwischen Büchern zugrunde richteten, von denen jeder eine wandelnde Bibliothek ist, von übermäßiger wissenschaftlicher Redlichkeit, sind nur Professoren. Sooft ich Professoren höre, verfalle ich in eine melancholische Stimmung: das Leben scheint mir allzu kurz zu sein, um mit Lernen vergeudet zu werden. Gefallen fände ich nur an Menschen, die lernen, um sich selbst zu entdecken, und für die die Geschichte einfach ein *Vorwand* wäre, für die das Studium ein Abenteuer ist, ein Wagnis, ein Wahnsinn. Jemand sagte mir, er habe sich in der Philologie entdeckt; ein anderer, in der Psychiatrie, und wie-

derum ein anderer, in der Geometrie. Doch nur um der Wollust des Denkens willen zu denken, an sich zu denken, erscheint mir bemerkenswert, aber nicht eindrucksvoll. Ein derartiger Mensch, der nur wegen der Bedeutung der Ideen als solcher denkt, der nichts von einem existentiellen Denker an sich hat, ist Nicolai Hartmann, von einigen als der größte deutsche Philosoph von heute betrachtet. Ich kann aber Heidegger und Klages nicht übergehen. Seitdem ich Hartmann höre, hat sich meine Überzeugung gefestigt, daß die Philosophie überwunden werden muß, daß sie zuwenig ist für jene, die sich bis hin zum Absurden zermartern, und daß beinah jede Philosophie fragwürdig ist, wie alle Menschen fragwürdig sind. Hartmann, wie alle Philosophen, die keine Propheten sind, theoretisiert, spricht über Glück, über Werte, über alle Probleme der Ethik, doch konkret und unmittelbar, für das Einzelschicksal geltend löst er nichts. Eine Philosophie, die keinen Lebensstil hervorbringt, nicht zu einem Lebensstil führt, hat keinerlei Wert. Sie muß befruchten, in ihr muß ein Entschluß wirken, ein Kampf des Menschen in der Zeit und mit der Zeit. Aber mit einem Übermaß an analytischem Geist zu theoretisieren, zu konstruieren um des Konstruierens willen und sich in Spitzfindigkeiten zu gefallen, die innerlich nicht Früchte tragen, die unverbindlich sind und nicht schmerzen, dünkt mich bequem und unnütz. So, wie Hartmann denkt, könnte er hundert Leben leben, und die Philosophie würde ihn weder zer-

stören noch ihn vor Freuden wahnsinnig machen. Es ist bemerkenswert, denken zu können, als ob man nicht existierte. Dergestalt bist du gewiß, daß du, soviel du auch denken magst, einen sicheren Weg beschreitest. Eindrucksvoll ist es dagegen, unter Aufbietung seines ganzen Schicksals zu denken. Die Zeit wird kommen, da die Menschen mit den sogenannten Ideen nichts mehr werden anfangen können. Und wenn nur noch sie selbst zurückbleiben, wenn sie die Zuflucht und die Feigheit der Ideen nicht mehr haben werden, erst dann wird die Philosophie aufhören, Ausdruck der Unruhe unpersönlicher Menschen zu sein.

In einem einzigen Sinne kann die Universität anregend sein, nämlich wenn sie als Anlaß zur Selbstbestimmung betrachtet wird. Wem die Erfahrung deutscher Universitäten nicht zuteil wurde, der leidet auf fatale Weise an einem Mangel an Selbsterkenntnis. Und sei es nur durch den Kontrast, den ihre Ausrichtungen und deine Neigungen dir bieten; Grund genug, sie zu durchlaufen. Wenn es aber noch Menschen gibt, die lernen wollen, die das Studium zum einzigen Lebenszweck machen, dann ist Deutschland unstreitig ein Paradies.

Ich kann diese Zeile nicht beenden, ohne an Ludwig Klages zu erinnern, der zwar kein Professor ist, dessen Vorlesungen an der Berliner Universität aber, in denen er sein philosophisches System darlegt, nichtmitteilbare Freuden auslösen.

Klages, mit dem Aussehen eines protestantischen Pa-

stors und dem Temperament eines Kondottiere, überschäumend, explosiv, wortgewandt und prophetisch, geheimnisvoll und gelehrt zugleich, ist der vollendetste Mensch, den ich bisher gesehen habe. Dieser Mann wirkt wie ein Magier und besitzt einen unwiderstehlichen Reiz. Seine philosophische Anschauung, über die ich vielleicht später etwas sagen werde, atmet etwas vom Aufruhr seines Temperaments und ist nicht weit entfernt von der Anschauung eines Magiers, eines Alchemisten oder eines modernen Propheten.[1] Sooft ich an Klages denke, sehe ich einen in der deutschen Kultur ausgebildeten Nae Ionescu[2], mit vielen verschlungenen Bibliotheken, mit vielen, vielen Einsamkeiten.

Berlin, November 1933

1 Damals hatte Ludwig Klages sein philosophisches Hauptwerk *Der Geist als Widersacher der Seele,* Leipzig: J. A. Barth, 1929-1932, bereits vollendet.

2 Über Nae Ionescu (1890-1940) siehe die gekürzte deutsche Fassung der vierbändigen Biographie von Dora Mezdrea, *Nae Ionescu. Leben, Werk, Wirkung*. Mit zwei Aufsätzen von Mircea Eliade. Aus dem rumänischen Manuskript übers. von Erwin Hellmann, Wien, Leipzig: Karolinger, 2008.

Berliner Aspekte

Aus der Ferne habe ich nie geglaubt, daß Berlin mich anderer Dinge als des politischen Geistes wegen interessieren könnte. Und während ich noch dachte, daß ich mich in eine politische Bewegung eingliedern und in irgendeinem Sinne tätig werden könnte, daß ich dann allenfalls das Problem der Rassen und das Problem des neugotischen Geistes studieren würde, erlebte ich die seltsame Überraschung, mich irgendwann unter buddhistischen Schriften und Kommentaren wiederzufinden, die ausgerechnet da über die Geschichte hinausgehen, wo diese die höchste Form der Verwirklichung zu erreichen scheint, wo das Leben in Zeit und Wirkung bis an den äußersten Rand geführt wird. Dieser Vorgang seelischer Ablösung vom Gegenwärtigen hat eine Quelle ganz besonderer Art.

Die Stadt, in der du wohnst, wird dir fatalerweise zum Problem, zu einem Gegenstand geistiger Beschäftigung und vor allem zu einer Frage der Haltung. Du kannst nicht Architekturformen und -stile kalt annehmen, du kannst dich nicht in einem Perspektivismus bequem einrichten, der aus einer Lust ironischer Art alles fernrückt, denn Stil und Eigenart einer Stadt greifen in die Richtung, in der du dich entwickelst, und in die Auswahl deiner Beschäftigungen ein.

Wie oft spürte ich nicht in den dunklen Straßen Altberlins, wie das Gefühl seelischer Ablösung von der Gegenwart, eines Transzendierens des gewöhnlichen Lebensrhythmus wuchs. Und da ich die Straßen täglich durchstreife, vertieft dieses Viertel mit rauchgeschwärzten, starren und abweisenden Häusern nur noch meine tiefinneren Traurigkeiten, bedrückt mich mit einer Vergangenheit, die ich nicht begreife, einer Vergangenheit anderer Art und anderen Wesens. Wie kann ich diese ganze massige Architektur gleichsam erhalten, um das Unwiederbringliche der Zeit zu zeigen, anders verstehen denn als einen Verweis auf die Nichtigkeit der menschlichen Geschichte, die beeindruckende Unzulänglichkeit aller Inhalte dieser Geschichte. Und dann die Standbilder und Denkmäler aller Art! Wenn ich ein großer Mann wäre, ich würde letztwillig verfügen, daß nicht einmal die bedeutungsloseste Büste errichtet werden dürfe. Niemals habe ich eine stärkere Empfindung des Vergeblichen, Sinnlosen und Unwiederbringlichen erlebt als vor den Statuen. Anstatt dir einen Eindruck von Ewigkeit zu vermitteln, erfaßt dich eine unendliche Traurigkeit wegen des Abstands, der dich von ihnen trennt, wegen ihres Todes. Alle diese nunmehr die Stirn in Erz runzelnden Wesen sind ein Anschlag auf unser etwaiges Verlangen, zu leben. Es ist eine der tragischsten Paradoxien, daß gerade diejenigen Gegenstände den Eindruck der Nichtigkeit vermitteln, die Dauerhaftigkeit ausdrücken wollen. Anstatt glücklich über die

postume Anerkennung der Menschen zu sein, hätten wir lieber völliges Vergessen. Das Gedächtnis macht, daß wir die Anpassung ans Leben verlieren. Um weiterleben zu können, müssen wir vieles vergessen. Zu allererst die *Geschichte,* dieses Verhängnis und Unheil.

Für das Gefühl des Wechsels von der Ewigkeit zur konkreten Zeitlichkeit ist es kennzeichnend, wie der Übergang vom alten Berlin zum neuen Berlin dich vergegenwärtigt und einordnet, dich mit Illusionen und Hoffnungen dynamisiert. Dann kannst du vom Problem der Befreiung zum Problem der Diktatur übergehen, von Buddha zu Hitler. Es sind Übergänge, wie nur der Mensch sie bewerkstelligen kann. Dann freust du dich, daß in einem armseligen Einzelwesen sich derart Auseinanderstrebendes verwirklichen kann, dann erfreut dich so viel Unvollkommenheit und die Widerstandskraft eines Organismus. Einmal hatte ich eine entsetzliche Empfindung: Es schien, daß alles, was ich bisher an Musik gehört habe, sich plötzlich in mir in einer radikalen Verwirrung vergegenwärtigte, daß es in einem wahnsinnigen Rhythmus in mir verschmolz, in einer klanglichen Apokalypse, daß es wuchs und mich von seiner Höhe in einen unendlichen Abgrund hinabstieß. Wenn der Mensch derartige Zustände erträgt, wie sollte er die gegensätzlichsten Beschäftigungen nicht ertragen? Du weißt nicht, ob es in dieser Welt Erlösung geben kann und mußt zur Frage der Diktatur Stellung beziehen.

Es gibt Unvereinbarkeiten auf der Ebene der Vernunft, die im Leben zu vereinbaren Wirklichkeiten werden, da sie nun einmal existieren. So kannst du an allem zweifeln und dennoch für die Diktatur sein. Wenn du davon überzeugt bist, daß alle Meinungen schlecht sind, dann wählst du eine, die wenigstens eine vitale und dynamische Fähigkeit hat, setzt sie durch und zerstörst die Gegner.

Wer weiß, ob die Menschen die Freiheit verdienen und ob sie sie brauchen!

Ich verspüre eine Wollust, deren Wesen ich selbst nicht bestimmen und fassen kann, zu beobachten, wie in Deutschland alle Welt dasselbe sagt, unabhängig von Bildung, Gesellschaftsschicht und Beruf. Überall, bei Versammlungen, in Zeitungen, im Rundfunk, bei Vorträgen, an der Universität, begegnet man denselben Meinungen, denselben Ausdrücken und denselben Einstellungen. Die Anhänger Hitlers haben sehr wohl verstanden, daß sie ihre Situation nur dann festigen können, wenn sie ihre Ideen in Gemeinplätze und Selbstverständlichkeiten ummünzen. Daher die Wiederholung derselben Dinge bis zum Verzweifeln. Bereits Lenin hatte bemerkt, daß man die Massen nur durch die entnervende Wiederholung desselben gewinnen kann, bis eine Idee organisch und dadurch dem Bereich des kritischen Geistes entzogen wird. Seitdem die Nationalsozialisten an die Macht gekommen sind, haben sie mit Raserei und Pathos dieselben Ideen wieder-

holt. Unnötig zu sagen, daß sie in Deutschland zur Selbstverständlichkeit wurden. Und es ist bestrickend zu glauben, daß nur du das Land vertrittst, daß alle deutschen Ideale sich auf deine Ideale beschränken. In ganz Deutschland gibt es keinen Hitler-Anhänger, der nicht behauptete, man sei ein Feind des Landes, wenn man kein Hitler-Anhänger ist. Jeder Deutsche muß Nationalsozialist sein.

Nur so kann man in einem Land etwas ausrichten. Wenn man mir antwortet, es gebe Menschen, die das Regime physiologisch nicht billigen können, werde ich antworten: Was hindert sie daran, *parallel* zu dieser Staatsform zu leben? Sagt dir Hitlers Rede nicht zu? Beschäftige dich mit ägyptischer Kunst. Passen dir die Heftigkeiten und das frenetische Pathos Görings nicht? Aber hast du vergessen, daß Beethoven Symphonien geschrieben hat? Gefällt dir die Uniformierung des Lebens nicht? Lies russische Romane. Empört dich die Politisierung des Lebens? Dann studiere die Kunst der Renaissance.

Ich gebe diese Antworten nicht aus Zynismus, sondern in der Überzeugung, daß sie sich lediglich auf die Fragen einiger Vereinzelter beziehen. Solange die Gemeinschaft in ein solches System gut eingebunden ist, ist die Tragödie einiger Einzelner nicht nur erträglich und zu beheben, sie muß den Staat auch nicht interessieren.

Der vereinzelte Einzelne findet in so vielen Lebens-

bereichen Befriedigung, daß er keine Zugeständnisse von seiten der Gemeinschaft erwarten kann. Und die Menschheit kennt die großen Entsagungen Einzelner. Wer weiß, ob nicht wegen der Unzufriedenheit mit der gegenwärtigen Form des politischen Lebens Werke entstehen werden, die sonst nur Lebensunfähigkeit hervorgebracht hätte. Nur wenn die Menschen Schmerzen, Entsagungen und jede Art des Unbefriedigtseins zu nutzen wissen, werden sie sich über das Verlorene freuen können.

Es wäre eine Illusion, zu glauben, daß Deutschland ausgeglichen und zufrieden ist mit der heutigen Lage. Nicht, daß eine politische Form es nicht befriedigte, aber die Tatsache, daß es seine Niederlage nicht vergessen und sie sich nicht erklären kann, erhält das Land in fortwährender Unruhe. Ich glaube nicht, daß es ein Volk gibt, das eine Niederlage schwerer angenommen hat. Dieses Volk, das sich für das begabteste in der ganzen Welt hält, kann die Wirtschaftskrise nicht erklären und keine Rechtfertigung für sie finden. Daß ein Land wie Deutschland Elend erleidet! Ich gebe zu, daß ein Volk wie dieses ein anderes Schicksal verdient. Und wer weiß, ob die Lebenskraft dieses Volkes uns künftig nicht teuer zu stehen kommt. Denn Deutschland kann sich nicht abfinden. Dies habe ich in den jüngsten Ausstellungen über den Krieg gesehen. All die Landkarten mit Sonderzeichen, die die Aufrüstung der Feinde und die verlorenen Gebiete anzeigen; die amtlichen Bekanntmachun-

gen und die Berichte in deutschen und ausländischen Zeitungen; Reste von Helmen und Waffen aller Art usw. – alles das zeigte nur, wie unerklärlich die Niederlage Deutschlands gewesen ist. Ich war dennoch erstaunt, als ich in der Nachbildung eines Schützengrabens auf einem Schildchen diese in Rot geschriebenen Worte fand: »Hier, ebenso wie im Leben, ist alles nur Illusion.« Und wenn man bedenkt, daß sie auch nach solchen Betrachtungen noch Militaristen sind!

Ich ging betrübt durch den riesenhaften Tiergarten, wo die vergilbten Blätter an jenem nebligen Abend einen bewundernswerten Dekor für die melancholischsten Gedanken bildeten. In jener Herbsteinsamkeit freute ich mich darüber, daß dem Menschen manchmal die Traurigkeit, allein zu sein, gegeben ist, jenseits der Dinge und der Geschichte schweben zu können, jenseits der Ideale und jenseits des Strebens. Und dann dachte ich, daß vielleicht ein gültiger Leitspruch für ein Buch über das menschliche Schicksal Heines Vers ist:

»Zu fragmentarisch ist Welt und Leben.«[1]

Berlin, November 1933

1 Im Original deutsch. H. Heine, *Buch der Lieder*, Hamburg, bei Hoffmann und Campe, 1827, Die Heimkehr. 1823-1824. LVIII:
Zu fragmentarisch ist Welt und Leben,
Ich will mich zum deutschen Professor begeben,
Der weiß das Leben zusammen zu setzen,
Und er macht ein verständlich System daraus;
Mit seinen Nachtmützen und Schlafrockfetzen
Stopft er die Lücken des Weltenbau's.

Je mehr man an den französisch-deutschen Dualismus denkt, desto mehr ist man geneigt, an dessen scharfen und unversöhnlichen Charakter zu glauben. Dann wird man sich der pazifistischen Illusionen und der Nichtigkeit eines jeden geschichtlichen Optimismus bewußt. Es ist nichts auszurichten angesichts schicksalhafter Ereignisse so bestürzenden Ausmaßes, wie nichts auszurichten ist angesichts mancher unlösbarer Unzurückführbarkeit. Ich bin davon überzeugt, daß Frankreich und Deutschland sich nicht nur auf allen Ebenen, geistiger, politischer usw., nicht verstehen, sondern daß sie sich auch nicht verstehen können, daß sie gemeinsam eine historische Antinomie bilden, deren Abschluß nur der Zusammenbruch eines dieser Länder sein kann. Und unter Zusammenbruch verstehe ich nicht nur eine Niederlage politischer Art, sondern eine Annullierung auf allen Ebenen, die mit der biologischen beginnt und mit der religiösen endet. Ich halte hier einige Wirklichkeiten fest, und wenn ich mir Prophezeiungen gestatte, so äußere ich sie, indem ich sie aus dem unerbittlichen Prozeß dieser Wirklichkeiten herleite. Die Geschichte hält eine Tragödie für uns bereit, von der sehr viel mehr Menschen eine Vorahnung haben, als man gemeinhin glaubt. Der gängige Optimismus stellt sich vor, daß die

Geschichte irgendwohin führen, eine Konvergenz, einen universalen Sinn verwirklichen muß. Doch *wohin* kann die Geschichte führen? Mehr noch: *Kann* die Geschichte irgendwohin führen?

Ich sehe nicht, wohin der ganze historische Prozeß gehen kann, zu welcher Lebensform und zu welcher Summe von Werten, so wie ich die Möglichkeit absolut nicht sehe, daß sich die geringste Form universaler Konvergenz verwirklicht. In der Geschichte Frankreichs, Deutschlands usw. gibt es sicherlich eine innere Richtung, eine innerliche Anpassung an ein spezifisches Wertesystem, es gibt einen Sinn der französischen, englischen, spanischen oder deutschen Geschichte, doch im Entwicklungsprozeß der Menschheit sehe ich nichts von dieser Konvergenz. Die Individualität der Kulturen erlaubt nur eine pluralistische Deutung des geschichtlichen Prozesses der Menschheit. Die Geschichte im allgemeinen wird nicht nur wegen der wesentlichen Antinomien am Grunde des Lebens zu einer Tragödie, sondern auch wegen der Nichtrückführbarkeit der verschiedenen Wertgefüge, in denen sich die verbesonderten Kulturen verwirklichen. Daher die organische Unfähigkeit gegenseitigen Verstehens. Lange habe ich ein wesentliches Problem der zeitgenössischen deutschen Philosophie verachtet: das Problem des *Verstehens*[1] in der geschichtlichen Welt, ein zentrales Problem bei Dil-

1 Im Original ist der deutsche Begriff *Verstehen* in Klammern hinzugefügt.

they, Troeltsch, Spranger, denn ich sagte mir, da die Menschen ursprünglich gemeinsame Wesenszüge haben, verstehe sich das Verstehen der von Menschen geschaffenen Werte von selbst, und zwar wegen der Fast-Identität des Seelengrundes. Dieser anthropologische Mechanismus ist jedoch völlig falsch. Der irrationale und irreduzible Charakter des Seelengrundes, dessen unzugängliche und komplexe Tiefe muß bejaht werden. Fremde verstehen von anderen Kulturen nur die Schemata, die toten Strukturen der Werte. Es ist jedoch ungeheuer schwer, den Gefühlsgrund, die organischen Wurzeln der Ideen zu verstehen. Das ganze Problem des geschichtlichen Verstehens stößt auf die Unmöglichkeit, von dem Aufbau der Werte als solcher zu den seelischen und individuellen Inhalten, die diese Werte hervorbrachten, überzugehen. Im Falle der Kulturen fällt es uns dermaßen schwer, an den Wirklichkeiten des *objektiven Geistes* – vom autonom und objektiv verwirklichten Aufbau der Kultur bis hin zu ihrem subjektiven und differentiellen Grund – teilzuhaben, daß man sich staunend fragt, ob man von einer anderen Kultur mehr als eine Menge Äußerlichkeiten verstehe. Der Fall Frankreichs und Deutschlands, zwei völlig entgegengesetzter Kulturen, ist anschaulich und aufschlußreich für dieses Unvermögen gegenseitigen Verstehens. Es wäre widersinnig, zu behaupten, diese Nationen würden einander absichtlich vernachlässigen; die Wahrheit ist, daß sie in keinem einzigen Sinne übereinstimmen können,

außer demjenigen gegenseitiger Verachtung. Die Franzosen haben stets die chinesische und japanische Kunst besser verstanden als die deutsche, und die Deutschen haben sich der ägyptischen Kunst innerlich näher gefühlt als der französischen. Diese Völker kennen einander nicht, weil sie sich nicht kennen können, nicht, weil sie es nicht wollen. Geographische Nähe hat keine geistigen Verwandtschaften zur Folge.

In Deutschland bin ich mir der Illusion meines Glaubens an die Möglichkeit, in einer fremden Kultur völlig aufzugehen, bewußt geworden. Ich hoffte, mich mit den Werten der deutschen Geschichte vollkommen zu identifizieren, mich aus der rumänischen Kultur herauszureißen, um mich völlig in die deutsche Kultur zu integrieren. Wieviel Widersinniges in dieser Illusion lag, will ich hier nicht erörtern. Einmal befand ich mich in einem Museum für deutsche Skulptur des Mittelalters. Nie fühlte ich mich unfähiger, an anderen Kunstformen teilzuhaben, nie fühlte ich mich beim Betrachten von Kunstgegenständen isolierter, mit einem ausgeprägten Gefühl des Abstands, unermeßlichen Abstands, wie in diesem Museum. Mir fehlte die Fähigkeit, den Gefühlsgrund zu verstehen, in dem jene Kunstwerke in ihrer Urform gezeugt wurden, mir fehlte die Intuition, die mir erlaubt hätte, mich in die Seele des Schöpfers zu vertiefen, bis in seine letzten Seelengründe, an denen man nicht teilhaben kann. Einige von uns haben in Fichte, Schelling und Hegel gelesen. Vermochten wir aber, über

die objektive Struktur der Ideen hinaus die tiefinnere Ausarbeitung, den geheimen Prozeß und die subjektive Substrukur des Begriffsgerüsts zu verstehen? Deshalb können fast alle Kulturmenschen nicht mehr werden als Professoren.

Die Zeit ist gekommen, da wir die geschichtlichen Unzurückführbarkeiten als schicksalhaft hinnehmen und mit jeder Art von Rationalismus aufräumen müssen. Wenn wir verstehen, daß Abstände verhängnisvoll sind, daß jede Annäherung unfruchtbar ist, dann werden wir bereit sein, das geschichtliche Werden in seinem tragischen Charakter zu ertragen, und dann werden wir auch verstehen, warum zwischen Frankreich und Deutschland kein Friede sein wird. Die geschichtliche Spannung zwischen diesen beiden Nationen wurde durch das Phänomen Hitler unbestreitbar verschärft, das in Frankreich grundfalsch gedeutet wurde, denn dieses Frankreich war außerstande, das Großartige in dieser gewaltigen Bewegung zu erfassen.

Selten habe ich die Gelegenheit gehabt, irrigere Deutungen, oberflächlichere Betrachtungen, nichtigere Beobachtungen zu lesen als die von den Franzosen über die nationalsozialistische Bewegung veröffentlichten.

Ganz Frankreich ist davon überzeugt, für Deutschland sei der Hitlerismus eine Anomalie, ausschließlich das Ergebnis einer Krise, von flüchtiger Bedeutung, mit Wurzeln in der unmittelbarsten Zeitlichkeit. Nun, diese französische Illusion muß entlarvt werden. Der Hitler-

ismus stellt, ob man ihn annimmt oder ablehnt, einen Lebensstil dar, der in Deutschland organisch heranwächst, und über die konkrete Aktualität hinaus, in der er Gestalt annimmt und sich im individuellen Bewußtsein vertieft, integriert er sich in die Kontinuität und den Sinn der deutschen Geschichte. Der aus dem Wesen und dem geschichtlichen Schicksal des deutschen Volkes hervorgegangene Hitlerismus hat nichts weiter getan, als die Kluft, die Deutschland und Frankreich unheilbar trennt, noch weiter zu vertiefen und den äußersten Nachweis für den dramatischen historischen Antagonismus beider Völker zu erbringen.

Inwiefern stellt der Hitlerismus einen neuen Lebensstil dar?

Wenn mir etwas an den Anhängern Hitlers gefällt, so ist es der *Kult des Irrationalen,* die Verherrlichung der Lebenskraft als solcher, das mannhafte Ausgreifen der Kräfte, ohne kritischen Geist, ohne Vorbehalte und ohne Beherrschung. Alle stimmen darin überein, daß man nicht Nationalsozialist sein kann ohne die spontane und unbesonnene Teilnahme an einer historischen Sendung, ohne die allgemeine Spannung der ganzen Persönlichkeit, deren Schwingung dich ursprünglich in die Nation eingliedert. Alles hat Bedeutung nur kraft des Ursprünglichen; nur die irrationalen Kräfte des Lebens können eine Tat rechtfertigen und deren Echtheit gewährleisten. Eine wahre Ekstase der Grundgegeben-

heiten, des Uranfänglichen und Unverfälschten ist dieser Irrationalismus, in dessen Sicht Geist, Kultur und Ethos als abgeleitete Gebilde gelten.

Wissenschaft um der Wissenschaft willen hat keinerlei Sinn; Wissenschaft um des Lebens willen – ist alles. Vitalismus ist die philosophische Voraussetzung des Hitlerismus. Und eigentlich hat diese ganze Bewegung einfach nur die Prinzipien der Lebensphilosophie[1] unters Volk gebracht, der Lebensphilosophie, die von Nietzsche bis Simmel, Scheler und Klages nichts anderes getan hat, als den ursprünglichen Charakter der Lebenswerte gegenüber dem abgeleiteten und inkonsistenten Charakter der Geisteswerte, die Beweglichkeit und den schöpferischen Elan des Lebens gegenüber der starren Konsistenz des Geistes aufzuzeigen. Der populäre Niederschlag dieser Philosophie führte unweigerlich zu Übertreibungen, zu einem vulgären und faden Dionysismus. Der deutsche Hang zu Übertreibungen in Richtung Irrationalismus ist charakteristisch. Hans Driesch, der sowohl in der Biologie als auch in der Philosophie die Grundlagen des Neuvitalismus legte, hielt es für angebracht, gegen den heutigen vitalistischen und irrationalistischen Exzeß zu protestieren, gegen eine Strömung Einspruch zu erheben, zu der er so viel beigetragen hat. Auf rein philosophischer Ebene macht er auch die Phänomenologie für diese Exzesse verantwortlich.

1 Im Original ist der deutsche Begriff *Lebensphilosophie* in Klammern hinzugefügt.

Die irreduziblen Kategorien, das Wesen der individuellen Existenzstrukturen, die autonomen Werte haben die Daseinsbereiche lediglich voneinander isoliert und durch den Aufruf zum Erleben die Irrationalität in das Phänomen der Erkenntnis eingeführt.

Die Bewunderung für Ur-Symbole (die Aktualität Bachofens ist dafür typisch) hat in der Rückkehr zum Elementaren ihren Ursprung. Die tellurischen Symbole und das Wiederaufleben der germanischen Mythologie, die übersteigerte Wertschätzung alles Gotischen und Barocken als Ausdrucksformen eines stürmischen Dynamismus haben Hitlers Anhänger dazu geführt, in der Geschichte das zu bewundern, was für die Franzosen kulturfern, barbarisch und stillos ist.

Die Mystik des Blutes führte sie zum mystischen Kult der Erde als des Gegenpols zum Geist. Der Anschluß an die Erde oder, besser gesagt, die Teilhabe an der ewigen Fruchtbarkeit der Erde ist für die substantielle Einwurzelung in eine Nation notwendig. Daher die Verurteilung der verfeinerten und zersetzten Geister, der von Bodenlosigkeit[1] Befallenen, die in der Luft schweben und außerstande sind, sich dem irrationalen Werden eines Volkes anzupassen; die Ausschaltung von Kosmopolitismus und Ästhetizismus und als Konsequenz der skandalös oft wiederholte Ruf: Zurück zum Volk, zur konkreten und historischen Nation. Für Hitlers Anhän-

1 Im Original deutsch.

ger hat das Wort »Volk«[1] bannende, unwiderstehliche Wirkung, so als sähen sie eine ganze Geschichte in einem Volk gegenwärtig.

Alles das führt zur Verneinung des Stils, der die Lebenskraft beherrschenden vollendeten Form, was wir das Kulturelle nennen und was zumeist hinter einem formalen Glanz einen Mangel an Substanz verbirgt.

In der französischen Kultur, die eine Kultur des Stils ist und in der die Anmut die Aufschwünge der Lebenskraft mäßigt, hat es die Antinomie zwischen Leben und Geist nie als marterndes und dramatisches Problem gegeben. (In der französischen Kultur ist der Bergsonismus eine Ketzerei.) Der Franzose lebt einheitlicher, weder zu weit vom Leben entfernt noch zu nahe daran. Aus diesem Grunde wird man bei den Franzosen nie der Unruhe und der Angst begegnen, sich aus den natürlichen Inhalten der Menschheit ausgegliedert, alles gewagt und den Sinn für das Maß verloren zu haben. In Frankreich sind die Menschen Herr ihrer Gedanken; in Deutschland fühlt sich jeder Denker von seinem System überflügelt. Hat er einmal den Weg der Ausarbeitung eingeschlagen, so vermag er seiner Gedanken, die sich zu seltsamsten Formen entwickeln, nicht mehr Herr zu werden. Der Mischung von Erhabenem, Groteskem und Monumentalem werden Sie in fast allen deutschen philosophischen Systemen begegnen.

1 Im Original deutsch.

In Frankreich hat jedermann Talent; selten findet man ein Genie.[1] In Deutschland hat niemand Talent, aber ein Genius gleicht den allgemeinen Mangel an Begabung aus. Denken Sie an alle germanischen Genies: Jedes bringt mit sich eine Welt, eine neue Daseinsform. Mit Hegel, mit Wagner und mit Nietzsche sind neue Welten geboren worden. Jeder von ihnen wäre berechtigt gewesen, zu sagen, die Welt beginne mit ihm. Wir sind es gewohnt, im *Menschlichen* lediglich eine begrenzte Reihe von Werten, eine geringe Anzahl von Möglichkeiten, eine bestimmte Daseinsform zu sehen.

Aus einem solchen Blickwinkel gesehen, ist es natürlich, daß diese Schöpfer über das Menschliche fatalerweise hinausgegangen sind.

Dasein und Werk aller germanischen Genies haben etwas Unerklärliches, Unzugängliches, offenkundig Unmenschliches. Sie verschränken sich mit katastrophischen Kräften, apokalyptischen Visionen, mit schwindelerregenden Aufschwüngen, die einem unfaßbaren inneren Grund entsteigen. Nietzsche sagte, Beethoven stelle den Einbruch der Barbarei in die Kultur dar.[2] Dies

1 Vgl. Cioran, Despre Franţa, 1941, Bl. 15; *Über Frankreich,* Berlin: Suhrkamp, 2010, S. 23: »Deshalb hat es [Frankreich] eine Unzahl von Begabungen hervorgebracht. In Deutschland muß man ein Genie sein, um sich einwandfrei auszudrücken, wenn überhaupt!«

2 Der Satz steht in dieser Form wohl nicht bei Nietzsche. Vgl. jedoch Nietzsche, Nachgelassene Fragmente, Sommer 1882, 21 [2], *Werke. Kritische Gesamtausgabe.* Hg. von Giorgio Colli und Mazzino Montinari, Bd. V, 2, Berlin, New York: Walter de Gruyter, 1973, S. 580: »Mit ihm [Chopin] verglichen, war mir selbst Beethoven ein halb-barbarisches Wesen, dessen große Seele schlecht erzogen wurde, so daß sie

gilt ebenso für Nietzsche selbst. Die germanische Barbarei rührt von dem Unvermögen der Deutschen her, ein Gleichgewicht zwischen Leben und Geist zu halten. Dieses Ungleichgewicht kommt nicht so sehr durch das Schwanken zwischen diesen beiden Wirklichkeiten, durch das Gefangensein erst im einen, dann im anderen zum Ausdruck, als vielmehr durch das simultane Leben in einem Kontrast, der im menschlichen Dasein zum Vorhandensein einer antinomischen Struktur führt. Da der Mensch diese beiden Daseinselemente nicht in sich harmonisieren kann, bricht das Leben in ihm in einer urgewaltigen, barbarischen und elementaren Explosion aus, und der Geist konstruiert neben oder über dem Leben Systeme und Perspektiven, die von schwindelerregender Großartigkeit bis hin zu sinnlosen und unfruchtbaren Hirngespinsten reichen. Die Barbarei geht aus diesem Unvermögen hervor, eine Form zu finden, die auf einer abgeleiteten Ebene Ur-Antinomien Gestalt annehmen läßt. Alle Großartigkeit der deutschen Kultur geht auf diese Unfähigkeit zurück, auf dieses Mißverhältnis, das eine eindrucksvolle Tragik in sich beschließt. Die überaus platte Unterscheidung zwischen deutscher Dynamik und französischer Statik darf nicht als französische Entartung und germanischer Überschwang gedeutet werden, sondern als ein Spannungsunterschied. *Die Franzosen sind lebendig, ohne die For-*

das Erhabene vom Abenteuerlichen, das Schlichte vom Geringen und Abgeschmackten nie recht zu unterscheiden gelernt hat.«

men zu überwinden, die das Leben annimmt; die Deutschen können nur durch Formlosigkeit lebendig sein, durch das Elementare und das Uranfängliche. Und der Ausbruch des Lebens in ihnen hat stets etwas Unmenschliches an sich, das allen Konventionen trotzt. Der ganze germanische Messianismus hat diesen elementaren, explosiven und hochmütigen Charakter im Unterschied zum diskreten und zurückhaltenden, aber nicht weniger imperialistischen französischen.

Die Diskretion des französischen Messianismus, die ewige Maske, unter der sich dieser verbirgt, erklärt, warum ihm stets mehr Wohlwollen entgegengebracht wurde als der brutalen Aufrichtigkeit des teutonischen Messianismus.

Die Bestimmung des deutschen Menschen als einer in Antinomien, in Widersprüchen und in Spannungen sich zermarternden Existenz, außerstande, auch nur den normalen Zustand und die formale Stilisierung der Kultur aufrechtzuerhalten, erklärt, weshalb man diesen Menschen nennen mag, wie man will, nur »gebildet« im gewöhnlichen Sinne nicht. Deutschland führt in Europa eine sonderbare Existenz. So ist für Deutschland alles, was wir unter Kultur verstehen, zumeist nichts als stilisierte Mittelmäßigkeit. Rußland und Deutschland können von den anderen Ländern nicht verstanden werden.

Als die Anhänger Hitlers den Kult des Helden als solchen wieder zum Leben erweckten, taten sie nichts wei-

ter, als einige der geheimen Neigungen und der uneingestandenen Bewunderungen des deutschen Volkes wiederaufleben zu lassen. (»Uneingestanden« in dem Sinne, daß diese Bewunderungen organisch und naiv hervorgebrochen und nicht in die deutliche Ebene des Bewußtseins übergegangen waren.)

Frankreich hat von jeher den feinen, höflichen, subtilen, verfeinerten und vergeistigten Gesellschaftsmenschen geliebt. Der Held als ein Wesen, das die Lebensformen sprengt und sich in demiurgischem Elan aufschwingt, das aus einem Übermaß an Leben Todesverlangen verspürt und nur durch den Tod zum Sinnbild wird – war für die Franzosen niemals ein Ideal oder ein Kult. Doch was anderes hätte aus der Barbarei, aus dem Exzeß und aus der unendlichen Großartigkeit der germanischen Seele erwachsen können als ein grenzenloser Kult des Helden als solchen? Deutschland ist nie im eigentlichen Sinne des Wortes christlich gewesen. Der Heldenkult bedeutete für das tiefinnere deutsche Gefühl mehr als der Kult des Heiligen. Jeder Deutsche ist innerlich den heroischen Visionen der germanischen Mythologie näher als der christlichen Lebensauffassung. Die Christianisierung der Germanen hat im Grunde eine Germanisierung des Christentums bedeutet. Die Absonderung von der romanischen Welt war immer ein deutsches Ideal. Die Nationalsozialisten haben sich dieses Ideal anläßlich der Luther-Gedenkfeier[1]

1 Vgl. Karl Barth, *Lutherfeier 1933*, München: Chr. Kaiser, 1933 (Theologische Existenz heute, 4).

auf stürmische Weise zunutze gemacht. Der Hitlerismus muß – ebenso wie das Luthertum – ein Akt der Autonomie gegenüber der romanischen Welt und eine Einbindung in den unverfälschten Sinn der germanischen Geschichte sein.

Die Deutschen haben den Heldenkult nie überwunden. Die Reaktion einiger nationalsozialistischer Theologen gegen die dialektische Theologie (Karl Barth, Friedrich Gogarten, Eduard Thurneysen[1]) gründet darauf, daß diese Strömung durch ihren anthropologischen Pessimismus jede heroische Ausrichtung des Menschen, jede Möglichkeit konkreter und wirksamer Entscheidung in der Zeit ausschließt. Der Abstand zwischen Gott und Mensch ist nach Auffassung dieser Theologen so groß geworden, daß der Mensch nur noch durch göttliches Eingreifen gerettet werden kann und das Handeln des Menschen als solches bedeutungslos und nichtig wird. Den Pessimismus innerhalb des ganzen Protestantismus haben die Hitler-Anhänger allerdings etwas vernachlässigt, denn ihnen war es mehr um die politische Bedeutung von Luthers Tat als um die religiöse zu tun.

Daß das deutsche Ideal der Held ist, der Held und nicht der Heilige, beweist das hitlersche Streben nach einer Wiedergermanisierung des Christentums, die Ersetzung der Idee der Caritas durch die der Ehre. Die

1 Eduard Thurneysen (1888-1974), Schweizer evangelischer Theologe, enger Freund Karl Barths.

Vorstellung der Ehre, des auf Adel beruhenden Hochmuts ist ein spezifisch unchristlicher Gedanke. Was mir bei den Anhängern Hitlers paradox zu sein scheint, ist, daß sie beständig das Wort »Volk«[1] mit dem Wort »Adel«[2] auf völlig unerklärliche Weise in Verbindung bringen. Die Rückkehr zu gewissen mittelalterlichen und vormittelalterlichen Traditionen ist für uns Fremde unbegreiflich, denn wir können an einem fremden Lebensgrund nicht teilhaben. Die Nationalsozialisten unterhalten eine epische Stimmung, die uns fern und ihnen nah ist!

Der neue Geist Hitler-Deutschlands hat sich nicht nur in einigen Bereichen kundgetan, sondern in ausnahmslos allen. Es genügt, daran zu erinnern, wieviel Staub die Rückkehr zu den altgermanischen Tänzen oder zu einer spezifisch deutschen Auffassung vom Tanz aufgewirbelt hat. Mary Wigman schrieb unlängst in der Zeitschrift *Völkische Kultur*[3], der deutsche Tanz habe im Unterschied zu den anderen Tänzen einen heldischen Charakter, einen tieferen Rhythmus von reicherer Spannung.[4]

1 Im Original deutsch.

2 Im Original deutsch.

3 *Völkische Kultur. Monatsschrift für die gesamte geistige Bewegung des neuen Deutschlands,* Dresden: Limpert, 1933-1936.

4 Vgl. Mary Wigman, *Deutsche Tanzkunst,* Dresden: Carl Reißner, 1935, Erster Teil. Deutsche Tanzkunst, S. 12: »Es ist die geistige Grundlage, das hinter den Dingen Wirksame, es ist die Art, das Stoffliche zu meistern, was dem Kunstwerk das Gepräge gibt und es im tieferen Sinne als deutsch kennzeichnet.« S. 15-16: »Der Weg zu den Quellen, zum Urgrund des Seins wurde wieder frei. Das Tragische, das Heroische –

Je weiter sich die Ausrichtung in verschiedenen Bereichen hin zu einem spezifisch germanischen Charakter vertieft, desto unzugänglicher werden uns Ausländern diese Bereiche. Die spezifisch germanischen Künstler sind uns am fernsten. Die meisten Deutschen sind sich einig, daß Matthias Grünewald eine spezifisch deutsche Weltanschauung darstellt, mehr als Dürer und mehr als Holbein, bei denen das Vorwalten des Linearen die Verwirklichung einer Vision von unendlicher Dramatik verhinderte, der wir bei Grünewald stets begegnen. Nun ist von allen Künstlern Deutschlands dieser am schwersten zu verstehen. Für Romanen ist er geradezu unbegreiflich.[1] Die italienische Kunst hat uns an das Paradoxe des schönen Leidens gewöhnt. In der ganzen italienischen Kunst wird das Leiden durch Schönheit entmaterialisiert, so daß die Ästhetisierung des Leidens ihm den Charakter lastender Stofflichkeit, von

vom Allzuspielerischen bisher verdrängt – brach sich Bahn und gab dem Tanz ein neues, sein deutsches Gesicht. Denn daß dieser Tanz den Bekenntnismut zum Leben als dem ewig geheimnisvoll Webenden und Wirkenden hatte, daß er Gott suchte und mit dem Dämon rang, daß er der uralten, der faustischen Sehnsucht nach Erlösung zu allerletzter Lebenseinheit Gestalt gab, das macht sein Deutschtum aus.«

1 Bemerkenswert, daß gerade der französische Schriftsteller J.-K. Huysmans besonders verständnis- und eindrucksvoll über Grünewald geschrieben hatte. Siehe seinen Roman *Là-bas*, Paris 1891, und die Studien *Trois primitifs. Les Grünewald du Musée de Colmar, Le Maître de Flémalle et la Florentine du Musée de Francfort-sur-le-Mein*, Paris 1905. Cioran war mit dem Werk Huysmans' vertraut. Dessen späten Roman *Sainte Lydwine de Schiedam* (1901) erwähnt er in *Cartea amăgirilor*, 1936, S. 246 f.; *Das Buch der Täuschungen*, S. 221 f.

Bestialität und Unwiederbringlichem nimmt; in der deutschen Kunst (und das gilt auch von der russischen) offenbaren sich diese Wesenszüge dagegen in ihrer ganzen sonderbaren Großartigkeit. Deshalb ist die Madonna in der nordischen Kunst von tiefer Traurigkeit erfüllt, und in der russischen fehlen ihr die Tränen nicht, im Unterschied zur Madonna in der Kunst des Südens, deren Transzendenz eine Mischung von Innerlichkeit und verklärtem Eros ist. Einige protestantische Theologen haben aus dieser Tatsache ein Argument für die Echtheit des nordischen Christentums im Vergleich zum südlichen Christentum romanischen Wesens ableiten wollen. Allein, ich ziehe die Echtheit dieses Christentums in Zweifel. Zwar verstand der Norden das Leiden stets tiefer, er hatte ein beharrlicheres Gefühl des Todes und eine innerlichere Erfahrung der Tragödie. Doch der Norden (in diesem Fall Deutschland) hatte niemals die zurückhaltende, tiefinnere und rücksichtsvolle Demut, Caritas und Pietät, die im Süden die echteste christliche Bewegung prägten: das Franziskanertum. Meiner Meinung nach haben sich die Deutschen im Christentum nie recht wohl gefühlt, obgleich sie im Hinblick auf religiöse Tiefe den Romanen überlegen sind (vielleicht mit Ausnahme der Spanier).

Es ist seltsam, daß ein Volk von Individualisten den Gemeinschaftsgeist mit so viel Inbrunst pflegt, wie dies heute die Nationalsozialisten tun. Der germanische Individualismus ist anderer Art als der, an den uns der

abendländische Liberalismus gewöhnt hat. Ein Deutscher kann nur im Verbund mir anderen und in einem allgemeinen Rhythmus tätig sein; sobald er allein bleibt, gerät er ins Wanken, verliert das Gleichgewicht und verfällt; er wird sofort zum Vagabunden. Der moralische Ruin nach dem Krieg findet in der Unfähigkeit jedes Deutschen, aus eigener Kraft, ohne Eingliederung in die Gemeinschaft ein Gleichgewicht zu erlangen, eine Erklärung.

Die Notwendigkeit eines Führers[1] hat nicht nur in einem Ungleichgewicht politischer und wirtschaftlicher Art ihren Grund, sondern insbesondere darin, daß der deutschen Seele eine innere Achse fehlt. Jedes Volk, das durch seine Schöpfungen das Erhabene erreicht, damit aber einen Grundbestand an Barbarei nicht zu beseitigen vermag, verspürt beharrlich die Notwendigkeit eines Absoluten außerhalb, angesichts dessen seine Haltung eine der Unterordnung bleibt. Die Demokratie hat den Deutschen innerlich niemals gepaßt.

Der Reaktion auf jede Art von Liberalismus liegt eine tiefere Rechtfertigung zugrunde, als alle Ausländer sich vorstellen.

Die Franzosen und nach ihnen die ganze Welt betrachten den Hitlerismus als eine Anomalie, während er für ganz Deutschland die natürlichste Lösung ist. Diese Menschen können ohne Normen, ohne Gemeinschaft

1 Im Original deutsch.

und ohne Führer[1] nicht leben, weil ihre elementare Substruktur, die lebendiger ist als bei anderen Völkern, ohne diese normativen, gemeinschaftlichen und autoritativen Elemente ausbricht und sie ins Wanken bringt. Die Notwendigkeit eines von außen kommenden Absoluten, gleichsam als einer Waffe gegen das innere Nichtkristallisieren, beweist der Staatskult, der in Deutschland schon immer anders aufgefaßt worden ist als in Frankreich. Dieses hat den Begriff der Gesellschaft als solcher nie überwunden; weshalb es auch nicht einen Staatskult als eine der Gesellschaft äußere Form hervorbrachte. Dagegen hat Deutschland zwischen einem Kult der Gemeinschaft und einem des Staates hin und her geschwankt, so daß heute alle Bewunderung, die es für verschiedene Daseinsformen hegte, mit einem einzigen Ausbruch im mystischen Führerkult emporschießt.

Was Hitler für Deutschland ist, ist schwer zu sagen. Denn dieser Mensch ist so tief ins deutsche Bewußtsein gedrungen, daß es unmöglich ist, ihn objektiv zu definieren. Wenn ein Mensch zum *Symbol* wird, dann gilt er nicht mehr durch seine persönliche Gegenwart und seine persönliche Existenz, sondern durch die Art und Weise, wie er im Bewußtsein anderer widergespiegelt und erlebt wird. Der ganze neue Lebensstil in Deutschland mit der Rückkehr zum Irrationalen, der Germanisierung aller Formen und Bereiche des Geistes, dem

1 Im Original deutsch.

Heldenkult und dem Blutadel, der Bewunderung des Volkes und der Mystik der Erde gipfelt im fanatischen Führerkult. Die nordische Bewunderung des Helden als höchster Form der Verwirklichung des Menschen kommt im heutigen Deutschland mit allen ihren Elementen und in einem eigenen Entfaltungsrahmen zum Durchbruch. In ihrem Kult für den Führer haben die Deutschen ein Gefühl der Sicherheit, ähnlich dem, wie es die Vorahnung oder vielleicht die Gewißheit eines großartigen Schicksals verleiht. Die Deutschen sind so sehr von sich selbst eingenommen, daß es ihnen natürlich vorkäme, wenn alle Völker auf ihre eigenen Gebiete verzichten und sie an Deutschland abtreten würden. Ich kann nicht anders, als diesen unendlichen und unzulässigen Hochmut zu bewundern.

Stefan George, der größte deutsche Dichter seit Goethe, ist, obgleich er der politischen Gestalt des neuen Deutschlands offiziell nicht seine Zustimmung gab, dennoch der Lieblingsdichter der Hitler-Anhänger. Durch den feierlichen Geist seiner Gedichte, in denen sich die Gemeinschaft, der mittelalterliche Ritter, mythische, mit einem verhaltenen Gesang von nordischem Wiedererstarken und nordischem Messianismus verbundene Gestalten in hieratischer und zugleich olympischer Gestalt verschränken, war er dazu bestimmt, wenn nicht die Weihe, so doch die Zustimmung der nationalsozialistischen Bewegung zu erhalten. Die anderen Dichter, die heute bei Hitlers Anhängern in der Gunst

stehen, sind von allzu lokaler Bedeutung, allzusehr in die unmittelbare Geschichte eingebunden, bis zum Exzeß politisiert, mit einer allzu äußerlichen, von Kontingenzen bedingten Inspiration. Einzig Hans Carossa, ein Prosaschriftsteller, der durch Stil und durch innere Zurückhaltung, durch eine tiefe Unruhe, die in verschleierten Heiterkeiten geläutert wird, Thomas Mann nahekommt, Hans Carossa ist der einzige, der allgemeineres Interesse zu erwecken vermag. Alle andern leben allzusehr in der Geschichte, als daß die Geschichte sie nicht töten und verschlingen würde.

Deutschlands ganze Geschichte ist eine Abfolge von Momenten, deren Behauptung und Individualisierung die Etappen eines Prozesses der Trennung von den romanischen Kulturen bilden. Besonders Frankreich hat diesen Kontrast nutzen können, um sich selbst zu definieren. Es hat verstanden, daß Protestantismus, Barock, Romantik, Mystik und Expressionismus, als Wege germanischen Selbst-Bewußtseins, nicht weniger Elemente einer Selbsterkenntnis durch Kontrast sind. Der Hitlerismus ist der letzte Abschied von Frankreich. Er beweist, daß eine Versöhnung zwischen diesen beiden Ländern nicht möglich ist. Seien wir leichtfertig, und nehmen wir an, zwischen diesen beiden Ländern würde künftig kein Krieg ausbrechen, nehmen wir an, das Problem der Übervölkerung und der Wirtschaftskrise könnte auf normalen Wegen gelöst werden. Der Friede ist dennoch eine Illusion, denn zwischen der Mission

Frankreichs in der Welt und derjenigen Deutschlands gibt es einen zuweilen stummen, zuweilen offenkundigen Widerstreit. Und die Zukunft muß diesen Widerstreit auf die eine oder andere Weise lösen.

Nur läuft diese Lösung weniger auf eine Versöhnung als auf einen Zusammenbruch der einen oder anderen Seite hinaus. Das Abendland kann nur durch Niederlage und Überwindung seines übermäßigen Pluralismus zu einer einheitlichen Lebensformel gelangen. Es wird sich unbedingt ein einziger Kulturtypus durchsetzen müssen. Und da dieser Pluralismus, die wesentliche Rivalität zwischen dem französischen und dem germanischen Kulturtypus zum Ausdruck kommen, wird künftig die Einheit zum Triumph eines dieser Typen führen. Jeder Versuch, den Triumph des einen Typus über den anderen zu bestimmen und genau zu fassen, ist einstweilen unmöglich. Was bei diesem ganzen Vorgang tief schmerzt, ist, daß geschichtliche Einheiten nur mit unendlichen Tragödien zu erzielen sind. Es wäre absurd und verbrecherisch sich darüber zu freuen, daß in der Zukunft Europa eine totale germanische Invasion erleben wird, und ebenso absurd und verbrecherisch wäre es, sich bei dem Gedanken zu freuen, daß der romanische Typus sich allgemein verbreiten und die anderen zerstören wird. Die Geschichte ist eine Tragödie. Und sie ist eine Tragödie, weil alle Geschichte eine Frage des Schicksals ist.

Warum sollten wir, wenn uns die Zukunft entweder

vor die Agonie Frankreichs oder vor die Agonie Deutschlands stellen wird, diese Schicksalsfügung mit allzu großer Melancholie hinnehmen? Sowohl Frankreich als auch Deutschland haben alles gegeben, was sie geben konnten. Es steht fest, daß ihre Hochzeiten in der Vergangenheit liegen. Eins von beiden muß um der Einheit Europas willen das andere aufheben, gerade weil ihr geistiges Schicksal erfüllt ist. Die Einheit Europas wird erst in dem Augenblick möglich sein, wenn sich das geistige Schicksal vollständig erfüllt und wenn die Schöpferkraft aufgezehrt ist, damit aus dem Komplex der verschiedenen Messianismen nur das imperialistische Verlangen nach räumlicher Eroberung noch übrig bleibe. Und wenn Europa nur *einen* Kulturstil kennen wird, dann wird es endgültig und unrettbar in die Geschichte eintreten. Denn der ganze Seinsgrund Europas (ich denke insbesondere an das Abendland) hat in seinen Unzurückführbarkeiten und Antinomien bestanden.

Berlin, Dezember 1933

Briefe aus Deutschland
Die ethische Problematik in Deutschland

Im heutigen Europa bringen nur Rußland und Deutschland, auf unterschiedliche Weise, eine ethische Haltung gegenüber dem Leben zustande, denn nur in diesen beiden Ländern ist das Dasein des »Anderen« zu einer anhaltenden und fruchtbaren Offenbarung geworden. Von den ersten Tagen an überraschte es mich, Menschen zu begegnen, deren einziges Problem sich auf das Problem des Daseins des »Anderen« beschränkt. Die exzessive Auseinandersetzung über den Vorrang der Gemeinschaft vor der privaten Existenz ist in Deutschland zu einer wahren Obsession geworden. Das Allgemeine und das Universale in jeder ethischen Haltung gehen über das Individuelle und das Private hinaus. Doch im Unterschied zu einer gesellschaftlichen Tyrannei, die das Allgemeine aufzwingt, geht die ethische Haltung von einer Einwilligung des Einzelnen aus, einer Einwilligung, die sich aus einer langen Ruhelosigkeit ergibt. Daher der *problematische* Charakter der ethischen Haltung, die nur durch den Bezug einer Handlung auf ein System von Normen und eine Ordnung der Werte Wirklichkeit werden kann. *Ethisch* zu leben bedeutet unausgesetzt abzuleiten, das heißt dasjenige in eine Ebene des Bewußtseins und eine Welt der Werte zu übertragen, was sich

naiv und spontan vollzieht. Die dieser Lebensweise zugrunde liegende Reflexivität versetzt dich gegenüber dem Objekt in eine Position der Transzendenz – was nicht unbedingt bedeutet, daß du außerhalb des Objekts bleibst, sondern lediglich, daß dessen Verinnerlichung einen ursprünglichen Abstand voraussetzt. Die Erhabenheit des ethischen Aktes ergibt sich aus seiner Fähigkeit, dasjenige innerlich einzubeziehen, was er vorher durch ethische Reflexion auf Abstand gehalten hat.

Die Aufwertung des Wirklichen aus ethischer Sicht ist heutzutage so häufig geworden, daß über der Moral zu leben, wenn nicht unvorstellbar, so jedenfalls unzulässig erscheint.

Die Form der deutschen Ethik ist, glaube ich, nicht nur mir fremd, sondern jedem Fremden. Es ist unmöglich, jede Handlung anhand ethischer Maßstäbe zu wägen, sie auf Kriterien zu beziehen und sie auf bestimmte Endzwecke hinzuordnen. Sich auf Schritt und Tritt zu fragen, was gut und was böse ist, scheint mir das Leben der individuellen Nuancen und eines gewissen, aus den Unzurückführbarkeiten herrührenden Reizes zu berauben. Diese übersteigerte Moral teilt die Wirklichkeit ein und beschränkt die Fülle der Erlebnisse auf die dem Allgemeinen untergeordneten. Einmal versuchte ich, einer deutschen Studentin, die sich fanatisch für ein in Normen gefaßtes Leben einsetzte, zu erklären, daß die deutsche Moral praktisch zu fragwürdigen Ergebnissen

führe, daß ich eine Liebe, ein Mitleid oder eine Großzügigkeit, die einem unreflektierten Elan, einer bewunderungswürdigen Verfehlung oder einer erhabenen Verirrung entspringen, den berechneten Beständigkeiten vorziehe, daß, menschlich betrachtet, eine subjektive irrationale Geste die Rationalität der ethischen Haltung an Bedeutung übertrifft, daß ein subjektives Dasein, das sich oberhalb der Normen und jenseits der Werte dramatisch anspannt, dem Wesen des Menschlichen näher ist als eine im Allgemeinen eingeschlossene Existenz, daß ein dem normativen Bereich anverwandeltes Leben nichts Aufregendes im Sinne von Abenteuer, Wagnis oder Schicksal mehr zu bieten hat – mit dem Ergebnis, daß mich die Studentin nach alldem schlicht als »verrückt« bezeichnete. Niemand vermag sich vorzustellen, in welch hohem Ausmaß die Idee der Rassenreinheit, des Absoluten der Nation, des ausschließlichen Wertes der Gemeinschaft die subjektive und interessante Existenz aus dem germanischen Erziehungsideal ausgeschlossen hat. Nicht nur einmal hörte ich von gebildeten Leuten, meine Gedanken seien gefährlich für die Volksgesundheit. Auf einen solchen Einwand läßt sich nichts mehr erwidern.

Es wäre ein Irrtum, zu glauben, ich rechtfertigte den Privatmenschen, der nach seinen persönlichen Bedürfnissen und Launen lebt. Ich dachte nur daran, daß es Menschen gibt, die, indem sie jenseits der Moral leben, menschlich mehr verwirklichen können als die Gefan-

genen der Moral, und daß ich überhaupt nicht begreife, wie die ethische Lebensform eine wesentliche und letzte Finalität darstellen könnte, wie dies heute in Deutschland der Fall ist. Als ich mich jedoch gezwungen sah, den rumänischen Lebensstil mit dem deutschen zu vergleichen, blieb mir dennoch nichts anderes übrig, als ein Gefühl der Bewunderung zu äußern. Hier habe ich bei fast allen Personen, mit denen ich mich unterhalten habe, ein zuweilen übertrieben entwickeltes Bewußtsein der Verantwortung für das Schicksal des Anderen gefunden. Es ist zwar nicht das Bewußtsein der Verantwortung in der allumfassenden Bedeutung, die ihm das Christentum gegeben hat, nicht weniger wahr ist aber, daß diese Beunruhigung die erste Stufe der Liebe ist.

Aus einem solchen Blickwinkel wird das Kleinliche der rumänischen Lebensform vollends offenbar. Die stumpfsinnige Gleichgültigkeit und Passivität haben in Rumänien jeden Versuch einer menschlichen Teilnahme unmöglich gemacht; Laune wurde Individualismus genannt; Oberflächlichkeit – Intelligenz; vulgärer Skeptizismus – Menschlichkeit; träge Bereitschaft zu Zugeständnissen – Güte usw. In Berlin bin ich einem Rumänen begegnet, der die Deutschen davon überzeugen wollte, daß wir im Vergleich zu den anderen Völkern eine Distanz zur Welt haben, die einem raffinierten ästhetischen Sinn entspringt. Später habe ich erkannt, daß man aus Feigheit und Hochstapelei mit einem

Mangel an intellektueller Redlichkeit ein Gefühl für Distanz zur Welt herleiten kann.

In Deutschland ist die nationale Revolution nicht auf große Schwierigkeiten gestoßen, denn psychologisch hatten die Nationalsozialisten keine andere Mission als die, bestimmte, spezifisch deutsche Eigenschaften zu wecken, die vom moralischen Unheil der Nachkriegszeit erstickt worden waren. Wenn man dagegen bedenkt, daß in Rumänien eine Umgestaltung nur dann wirksam wird, wenn sie alles erfaßt, daß es für sie aus der Vergangenheit nichts wachzurufen gibt, dann muß man sich ernsthaft fragen, ob dieses Land überhaupt eine Hoffnung haben kann. Denn bei den Rumänen sehe ich ein Verlangen nach radikaler und umfassender Umgestaltung, nach endgültigem Bruch mit einem verfluchten geschichtlichen Erbe nicht. Eines steht fest: als Land und als vereinzelte Menschen werden wir erst in dem Augenblick etwas bedeuten, wenn wir alle Bestandteile unseres Wesens zerstören, die uns dermaßen schmachvoll in der Welt individualisieren. Wir werden erst in dem Augenblick Geschichte schreiben, da wir zu einem endgültigen, wesentlichen Sprung fähig sein werden, der eine grundlegende Verwandlung bedeutet und wenn die Lumperei auf allen Lebensebenen nicht mehr das vorherrschende Merkmal unserer Existenz sein wird. Ich bin der Ansicht, daß in Rumänien der einzige fruchtbare, schöpferische und lebenfördernde Nationalismus nur einer sein kann, der die Tradition nicht nur

ignoriert, sondern sie verneint und bezwingt. Denn die Zukunft einer Kultur auf einer unendlich schmachvollen, bedeutungslosen, mit Kompromissen beschwerten Tradition begründen zu wollen heißt, sich in geschichtlicher Fäulnis zu zersetzen und sich das Verlangen nach dieser Zersetzung einzugestehen. Unsere ganze Tradition ist eine geschichtliche Fäulnis, deren Andauern unser sicherer Tod sein wird. Bis jetzt sehe ich keinesfalls ein angespanntes Verlangen danach, anders zu sein, bei den Rumänen sehe ich die Fähigkeit nicht, Verzicht zu üben, woraus ein neues Leben hervorwachsen könnte. Rumänien ist ein Land ohne heroisches Ethos, ohne den absurden Willen, ein Fatum zu bezwingen, ein betrübliches Land. In Deutschland hat sich eine politische Revolution ereignet, bei uns muß es wesentlich eine Revolution auf seelischer Ebene sein, eine Wandlung unserer seelischen Voraussetzungen und Ausrichtungen. Unsere ganze Geschichte beweist nur, daß wir bequeme, ruhige, biedere und sündige Menschen sind. Kann man mit diesen Eigenschaften eine Zukunft aufbauen? Es ist unmöglich, nicht an Rumänien zu denken, wenn man sich in einem anderen Land Europas befindet, nicht mit Bedauern an die Feigheit eines Landes zu denken, dem der Mut zu einem Schicksal abgeht. Für mich wenigstens ist Rumänien nur noch in dem Maße von Interesse, als es ein *anderes* werden kann, nur in dem Maße, in dem es sinnvoll ist, von einem anderen Rumänien zu sprechen. Denn persönlich lehne ich es ab, ein zerrisse-

nes Gewand zu flicken, und ich will auch nicht von einer Fäulnis verschlungen werden, für die ich nicht verantwortlich bin. Wie sollte man also den Behauptungswillen Deutschlands nicht bewundern, seinen Antrieb, gegen eine ganze Welt zu kämpfen, mit so vielen Ansichten, die sich nicht halten lassen, mit so vielen unbegründeten Strebungen, die aber allesamt einer Lebenskraft und einem Hochmut entspringen, deren Pulsschlag, das Lächerliche und die Karikatur ausschaltend, dem Absurden trotzt und sich aus so vielen Irrtümern speist, die unser schaler und lascher Klarblick aus schändlicher Vorsicht vermeidet.

Berlin, Januar 1934

Bayerische Melancholien

I

Jeden Tag habe ich den Eindruck, daß die Bayern vor zuviel Gesundheit sterben müssen. Feist, befriedigt, mit uninteressantem Augenausdruck, von Bier aufgeschwemmt und gutmütig, bieten sie den Anblick platten und vergeblichen Glücks, schändlicher Ausgeglichenheit und ebensolcher Normalität. Man fragt sich starr vor Staunen, was diesen zufriedenen Bürger wohl bewegen mag, wenn nicht jeden Tag, so doch einmal in der Woche der Musik Wagners oder Beethovens zu lauschen? Mir ist es nicht gelungen, die Musikleidenschaft dieser in Hinsicht ihres Lebensstils derart mittelmäßigen Menschen zu begreifen, dieser Menschen, die ruhig schlafen können, nachdem sie eine Symphonie Beethovens gehört haben. Ihr behaglicher Blick und ihre Gelassenheit bilden einen beleidigenden Kontrast zum berauschenden und sturzflutartigen Dynamismus der deutschen Musik, deren Tiefe nicht zuletzt einem Klangüberfall, einem irrationalen Ausbruch von Klangwelten zu verdanken ist, angesichts derer sich die eigene innere Seichtheit als Leere enthüllt. Die Tiefe der Beethovenschen Musik kommt in diesem Phänomen der Enthüllung unserer Nichtigkeit zum Ausdruck. Wer

sich angesichts der Beethovenschen Raserei nicht nichtig, leer oder fragwürdig vorgekommen ist, hat nichts von dieser Musik begriffen, die wir zerstören müßten, um noch ein Recht auf Hochmut zu haben, ebenso wie wir die Romane Dostojewskis zerstören müßten, um noch von Leiden, Unglück und Drama reden zu können.

Und dann die bayerische Frau! Im Durchschnitt elementarer Ausdruck, ohne Nuancen, zurückhaltend, bisweilen liederlich; aber aus Frigidität, nicht aus Leidenschaft. Eine in ihrer Undifferenziertheit beleidigende Gesundheit. Proust spricht wiederholt von den schönen melancholischen Augen der Bayerinnen. Dies gilt nur für einige Ausnahmen, deren Vornehmheit die Fadheit der anderen ausgleicht und gewissermaßen rehabilitiert.

Ich weiß nicht, ob Sie für jene Art von Schönheit empfänglich sind, bei der die Blässe eine Mischung von Naivität, Transzendenz und Reinheit ausdrückt. Es gibt wirklich einen schwebenden Reiz in dieser Blässe, der nicht eine Frucht des Lasters, sondern einer instinktiven Loslösung von den Dingen ist und der einem ein gänzlich unmodernes Gefühl eingibt. Der Blick paßt sich dem Unbestimmten dieser Blaßheit vollkommen an. Wir sind alle zu sehr an eine direkte, zugängliche und unmittelbare Ausdrucksweise gewöhnt, als daß uns das Unfaßliche dieses Blickes nicht anzöge, gleichgültig, ob er Tiefe ausdrückt oder nicht. Ein einziger Augenaufschlag beschreibt immaterielle Bögen und entwickelt

eine Stimmung ungefährer Wellenbewegung, luftigen Wiegens, er zerfasert das Verlangen in Sehnsüchte und das Unwiderstehliche des Triebes in musikalisches Zittern, in feinstoffliches Schwingen.

Melancholisch ist dieser Blick, der in seiner Unfaßlichkeit alles und nichts umschließt und dessen unbestimmbare Ausdruckskraft um ihn her eine Stimmung von Wehmut oder von Unmodernem entstehen läßt.

Wir Modernen wissen nicht mehr zu schauen: Alle haben wir Händleraugen. Einen intelligenten, berechnenden Blick mit genauen Zielen. Doch nur jene Augen können noch interessant sein, die zu etwas *anderem* blikken. Interessant kann ein mystischer, musikalischer, erotischer Blick sein. In der Pietät, in der Melancholie, in der Ekstase zielen wir nicht auf Objekte, steuern nicht Ideen an, sondern erleben Stimmungen und Welten.

Jemand hat einmal diese bemerkenswerte Beobachtung gemacht: Was die heutige Welt einen verlorenen und abwesenden Blick nennt, ist in Wirklichkeit der echte Blick, und wahrhaft wir selbst sind wir nur in diesen Augenblicken. Die seltenen bayerischen Beispiele, von denen ich spreche, verwirklichen sich wesentlich in diesem Unfaßlichen. Ich gebe zu, daß diese Augen nicht glühen und nicht glänzen; aber die germanische Melancholie – denken Sie an den berühmten Kupferstich Dürers – ist bis zur Transzendenz sublimiert, hat einen engelhaften Charakter, im Unterschied zur russischen, arabischen oder argentinischen Melancholie, die von in-

neren Feuern beseelt, glühend und überschwenglich ist, von dem Gedanken an die Vergänglichkeit gequält und außerstande, sich zu läutern. Wenn ich germanische Melancholie sage, denke ich nicht an das deutsche Volk, das allzu positiv ist, um melancholisch zu sein, sondern an einige wenige vom musikalischen Dämon Verführte und an diese bayerischen Schönheiten. Die Deutschen haben mehr Verständnis für Zustände, die das Monumentale fordern (zum Beispiel das Erhabene oder das Tragische), als für die Melancholie, die Feinheit fordert. Eine nur wenig verfeinerte Brutalität ist dem Verständnis des Erhabenen oder des Tragischen tausendmal näher als eine feine und kultivierte Empfindungsart. Die Franzosen haben die deutsche Romantik mit ihren beiden großen Problemen – Unendlichkeit und Tod – nie verstanden, denn die Franzosen sind für diese Probleme, deren Tiefe und Komplexität ein wahres, nicht-kulturelles Lebensgefühl voraussetzen, unempfindlich.

II

Es ist nicht nur ein Merkmal der bayerischen, sondern der deutschen Landschaft im allgemeinen, daß sie verschlossen ist, eine feierliche und mitunter – paradoxerweise – unnahbare Innigkeit hervorruft. Ein ausgeprägtes Grün, auf von Wäldern gesäumten Wiesen, stets bevor es dir eine Ahnung des Unendlichen vermittelt.

Ein Empfinden der Unzuträglichkeit und der verschlossenen Traurigkeit beherrscht dich und erinnert dich an die Stimmung jener katholischen Kirchen, in denen Herrlichkeit und Glanz uns nur das Nichts unseres Daseins feierlich veranschaulichen und der Ausdruck von Frömmigkeit auf dem Antlitz so vieler Engel und Heiligen nur Wehmut über oder Erinnerung an die Vergänglichkeit in der Ekstase der Ewigkeit ist.

Ein großer jüdischer Kunstkritiker trat zum Katholizismus über, nachdem er die bayerische Landschaft kennengelernt hatte. Es gibt wirklich etwas Katholisches in dieser Landschaft. Eine gemessene Zurückhaltung, die einen zwingt, angesichts der großen Probleme die Nerven zu bewahren, und ein Mittelmaß der Visionen flößen eine diffuse, unschöpferische und unbeflügelte Melancholie ein. Wenn es in der Frömmigkeit ein Merkmal von Melancholie gibt, dann ist sie für diese Landschaft kennzeichnend. Vor dieser Art Landschaft spürt man nicht das Bedürfnis nach Abweichung, nach einem Schrei, es quält einen kein Verlangen nach Exzeß.

Auch die Deutschen lieben die deutsche Landschaft nicht sonderlich. Oder wenn sie sie lieben, denken sie an die deutsche Malerei, die ich als Landschaftsmalerei unmöglich lieben kann. Ich verstehe nicht, wie es Menschen geben kann, die vor Hans von Marées, Fritz von Uhde oder Hans Thoma in Entzücken ausbrechen. Die deutsche Malerei wurde als Portraitmalerei geschaffen, sie vertiefte sich in die Ausgestaltung der individuellen

Gesichtsausdrücke und in die Darstellung der dramatischen Augenblicke des Lebens. Dürer, Holbein, Grünewald und Baldung sind große Künstler durch ihre Darstellung des Individuellen und des Dramatischen im menschlichen Dasein und nicht durch irgendeine Vision der Natur. Die deutsche romantische Schule, die in der Malerei besonderen Wert auf die Landschaft legte, ist in der Entwicklung der deutschen Kunst viel weniger wesentlich, als man glaubt. Allgemein gesprochen, kommt den Deutschen in der Entwicklung der bildenden Künste keine herausragende Rolle zu, denn ein in höchstem Grade musikalisches Volk kann sich in der bildnerischen Ausdrucksform nicht verwirklichen. Je begabter man in der Musik ist, desto fremder sind einem die bildenden Künste. Die Deutschen haben in der Musik das Naturgefühl besser zum Ausdruck gebracht als in der Landschaftsmalerei. Für mich ist Beethovens Pastorale in diesem Sinne mehr als die ganze deutsche Landschaftskunst.

III

Ich werde mir nie verzeihen, daß ich an den Ufern des Starnberger Sees, in der Nähe von München, wo sich König Ludwig II., der interessanteste und traurigste aller Könige, die es je gab, aus Enttäuschung, Bitterkeit und vielleicht aus Wahnsinn entleibte – ich werde mir

nie verzeihen, daß ich in einer so traurigen Gegend, wo sich eine wahre historische Tragödie ereignet hat, mich einfach in Seligkeiten verlieren oder in Liebesmelancholien schwärmen konnte. Es ist unglaublich, wie wir an den Orten, die uns zur strengsten Feierlichkeit nötigen sollten, an den Orten, an denen wir bis hin zur Ekstase wesentlich sein müßten, von unmittelbaren Wünschen überfallen, in Vergessenheiten entrückt werden, die großen Visionen verraten und uns selbst verraten. Wenn mir jemand prophezeit hätte, daß an dem Ort, wo sich der seltsamste aller Könige das Leben genommen hat, ein Frauenlächeln meine innere Schwingung auf lustvolle Vergeblichkeit ausrichten würde, so daß ich das Drama jenes Königs vergaß, den ich in meinen Jünglingsjahren so sehr geliebt, ich hätte diese Person vernichtet – als Rache für die größte Beleidigung. Jetzt habe ich verstanden, daß wir das Glück nur dann erringen können, wenn wir darauf verzichten, wesentlich zu sein. Das Unglück ist eine Sünde wider das Leben, aber es ist die Bedingung unserer Tiefe. Zerfasert in angenehmen und süßen Liebesmelancholien, wie in einer Welt tröstlichen Vergessens, erfüllen die Menschen ihre Pflicht gegenüber ihrem Leben, aber nicht gegenüber dem *Kern* ihres Lebens. Du kannst nur dann glücklich sein, wenn du dein Schicksal vernachlässigst. Nur im Bewußtsein unseres Unglücks haben wir ein Schicksal.

Alle haben wir die Pflicht, glücklich zu sein. Doch es gibt Menschen, für die das Glück nur die Leere in ihrem Unglück ist.

Und diese haben nichts anderes zu tun, als das Glück zu verachten und das Unglück zu lieben, damit die Wehmut sie nicht erstickt.

München, Mai 1934

Eindrücke aus München
Hitler im Bewußtsein der Deutschen[1]

Es gibt keinen Politiker in der heutigen Welt, der mir größere Sympathie einflößte als Hitler. Es gibt etwas Unwiderstehliches im Schicksal dieses Mannes, für den jeder Lebensakt nur durch die symbolische Teilhabe am geschichtlichen Schicksal einer Nation Bedeutung gewinnt. Denn Hitler ist kein Mensch, der das hat, was man ein Privatleben nennt. Seit dem Krieg ist sein Leben Entsagung und Opfer. Der Lebensstil des Politikers gewinnt nur dann Tiefe, wenn das Verlangen nach Macht und der imperialistische Wille zur Eroberung von einer Fähigkeit zum Entsagen begleitet werden.

Die Führer-Mystik in Deutschland ist völlig gerechtfertigt. Selbst jene, die sich für leidenschaftliche Gegner

1 Die Redaktion der Wochenschrift *Vremea* vermerkt über die Röhm-Affäre, die Cioran nach der damals offiziellen Version für eine Verschwörung, den sogenannten »Röhm-Putsch«, hält: »Herr Emil Cioran, unser Korrespondent in Deutschland, der gerade in München weilte, als die Ereignisse vorfielen, die die ganze Welt erschütterten, sendet uns einen Bericht vom Ort des Geschehens.
Wie man jedoch in den folgenden Zeilen sieht, zeichnet unser Mitarbeiter nur ein Bildnis Hitlers, wie er nach seiner Ansicht im Augenblick den Deutschen erscheint.
Was das Drama von München selbst betrifft, hütet sich Herr Cioran, irgendeine Einzelheit mitzuteilen.
Die Ereignisse vom Anfang der vergangenen Woche bleiben somit in Dunkel gehüllt.«

Hitlers halten, die ihn zu hassen behaupten, sind in Wirklichkeit von den Wogen dieser Mystik erfaßt, die Hitlers Persönlichkeit zum Mythos gemacht haben. Anläßlich der Verschwörung Röhms, als man noch nichts Offizielles wußte, bin ich vielen von denen begegnet, die einen Tag zuvor keinerlei Vorbehalte gegen die Geringschätzung Hitlers hatten und die nun ausriefen: »Wenn nur Hitler nichts geschehen ist!«

Seine Reden sind von einem Pathos und einer Raserei durchdrungen, wie nur die Visionen eines prophetischen Geistes sie erreichen können. Goebbels ist feiner, subtiler, von diskreterer Ironie, mit nuancierteren Gesten und tritt wie ein verfeinerter und stilvoller Intellektueller auf, doch kann er nicht derart vulkanisch und sturzflutartig ausbrechen, daß er einem den kritischen Verstand raubt. Das Verdienst Hitlers besteht darin, einer Nation den kritischen Verstand geraubt zu haben. Man kann nur in dem Maße etwas vorantreiben, ein Brodeln hervorrufen, indem man den Menschen die Freiheit des Abstands zwischen sich selbst und ihnen raubt. Nur in ihrer Verführungskraft offenbart sich die Fruchtbarkeit einer Vision. Anderen die Verantwortung für den Weg, den sie einschlagen, zu nehmen, dies ist das dramatische Schicksal jedes Visionärs, Diktators und Propheten.

Bei Hitler ist die Verführungskraft um so eindrucksvoller, als sie nicht vom Reiz einer ausdrucksvollen Physiognomie unterstützt wird. Sein Gesicht drückt nie et-

was anderes aus als Energie und Traurigkeit. Denn man muß wissen: Hitler ist ein trauriger Mensch. Eine Traurigkeit, die aus zuviel Ernst hervorgeht. Das ist für das ganze deutsche Volk kennzeichnend, ein hoffnungslos ernstes Volk, demgegenüber die romanischen Nationen Taschenspielernationen sind.

In Berlin hatte ich einmal Gelegenheit, einer Art kollektiver Ekstase um den Führer beizuwohnen. Anläßlich einer Feierlichkeit, in dem Augenblick, als Hitler die Straße Unter den Linden entlangfuhr, überfiel und umringte die Bevölkerung den Wagen, ohne – vor Staunen starr – ein Wort herausbringen zu können. Im deutschen Bewußtsein ist Hitler derart verwurzelt, daß nur große Enttäuschungen die Bevölkerung von einem solchen Kult abbringen könnten. Es ist wirklich sonderbar, wie Hitler nach der jüngsten Krise der Partei das Vertrauen der Nation zurückgewonnen hat.

Diejenigen, die Vorbehalte gegenüber Hitler geltend machen, beziehen sich auf seinen »Mangel an Bildung«. Als müßte man, um eine Nation zu führen, in jeder Rede Goethe anführen! Das Wesentliche ist ein endloses Schwingen der Seele, der Wille nach absoluter Verwirklichung in der Geschichte, ein inbrünstiger Überschwang bis ins Absurde hinein, ein irrationaler Antrieb, das eigene Leben aufzuopfern. Wir müssen zugeben, daß es in den heutigen Diktaturen etwas von dieser großen Spannung gibt. Um eine Macht zu werden, ist eine derartige Spannung erforderlich, daß wir uns

ernsthaft fragen müssen, ob die kleinen Nationen außerhalb der diktatorischen Herrschaftsform überhaupt einen Sprung machen könnten.

Wahr ist aber auch, daß die Diktaturen Krisen des Geistes darstellen. Jede Diktatur bezeichnet eine Leere im geschichtlichen Fortschritt der Kultur. Dies geben viele Nationalsozialisten zu. Der Fehler der deutschen Kultur ist der Mangel an Universalität. Mit dem Nationalsozialismus ist auch noch die Illusion von Universalität verschwunden. Streng politisch genommen, ist der Nationalsozialismus eine Bewegung ungeheuren Ausmaßes. Ein außerordentlicher Dynamismus hat sich der ganzen Nation bemächtigt und ihr einen Rhythmus von unerhörter Intensität aufgeprägt. In einem einzigen Jahr hat der Nationalsozialismus mehr geleistet als der Faschismus in zehn Jahren. Mussolini mag begabter sein als Hitler; wir dürfen jedoch nicht vergessen, daß Hitler mehr gekämpft hat, unvergleichlich größeren Schwierigkeiten begegnet ist und daß das Schicksal Deutschland unendlich verwickelter und dramatischer ist als dasjenige Italiens.[1] In Deutschland spielt sich eine wahre gesellschaftliche Tragödie ab: Es ist unter den gegenwärtigen Bedingungen menschenunmöglich, die Arbeitslosigkeit zu besiegen. Die Anspannung der Nation

1 In seinem Aufsatz »Wo sind die Siebenbürger?« (»Unde sunt ardelenii?«, *Calendarul*, Jg. II, Nr. 277, 22. Januar 1933, S. I e–f) spricht Cioran »von jener an die Tragödie grenzenden Komplexität, der wir bei den Deutschen begegnen, den kompliziertesten Menschen im heutigen Europa«.

ist dermaßen stark, daß man wegen der Unmöglichkeit, zu so vielen vorläufig unlösbaren Problemen sofortige und konkrete Lösungen zu finden, in einer Stimmung der »ewigen Dynamik« verharrt, vor deren Gefahren Franz von Papen in seiner Marburger Rede[1] warnte, die eine heftige Kritik an dem Regime im Namen der katholischen Opposition bedeutete.

Die Opposition der Katholiken ist wirklich stark. Da der Papst[2] den Beitritt der katholischen Jugend zur Hitlerjugend verbot, führten Druck und Hitlersche Reaktion darauf zu einem schwerwiegenden Konflikt mit den Katholiken. Die Bayern, die katholisch und äußerst religiös sind, würden angesichts einer etwaigen Wahl zwischen Katholizismus und Nationalsozialismus in ihren Überzeugungen keinen Augenblick wanken.

Hitler bedeutet jedoch mehr für das deutsche Volk als ich weiß nicht welcher Papst, der sich in die inneren Angelegenheiten eines Christentums einmischt, das sich, von der Politik trivialisiert, Katholizismus nennt.

Hitler hat feurige Leidenschaft in die politischen

1 Rede des Vizekanzlers von Papen vor dem Universitätsbund, Marburg: Germania, 1934. Die Rede, verfaßt von Edgar Julius Jung und Herbert von Bose, Oberregierungsrat, Leiter der Pressestelle der Kanzlei Franz von Papens, wurde am 18. Juni 1934 im Auditorium Maximum der Universität Marburg gehalten. Vgl. *Keesings Archiv der Gegenwart,* 19. Juni 1934, S. 1486. Zu den Hintergründen vgl. Karl Martin Graß, *Edgar Jung, Papenkreis und Röhmkrise 1933/34,* Diss. Heidelberg 1966, Edingen [1970], S. 226-246, passim; Heinz Höhne, *Mordsache Röhm. Hitlers Durchbruch zur Alleinherrschaft 1933-1934,* Reinbek bei Hamburg: Rowohlt, 1984, S. 234 ff., 247 ff., 304, 320.

2 Pius XI.

Kämpfe gegossen und mit messianischem Atem einen ganzen Bereich der Werte dynamisiert, den der demokratische Rationalismus platt und trivial gemacht hatte. Wir alle brauchen eine Mystik, weil wir aller dieser Wahrheiten überdrüssig sind, aus denen keine Flammen schießen.

München, 4. Juli 1934

Briefe aus Deutschland
Die Revolte der Satten ...

In meinem ganzen Leben habe ich nichts Faderes über die Ereignisse in Deutschland gelesen als die Kommentare der ausländischen Presse. Angeregt durch eine unmögliche und mitunter sogar widerliche Gefühlsduselei, sind deren Betrachtungen über den Wert des menschlichen Lebens und über die Freiheit dazu angetan, bei mir Ekel über die betrübliche Verweichlichung des heutigen Europa zu erregen. In dieser grundlosen Ohnmacht angesichts von politischen Morden steckt in der Tat ein völliger Mangel an jeglichem heldischen Sinn, in der allgemeinen Angst, die dramatische Intensität von Ereignissen zu ertragen, mangelnder Ernst. Der Humanitarismus ist weniger als eine Illusion und der Pazifismus bloß politische Masturbation.

Es widert mich unendlich an, wenn ich von allen Seiten die immergleichen weinerlichen und sinnlosen Betrachtungen über das menschliche Leben lese oder höre.

Da heißt es: Niemand hat das Recht, einem anderen das Leben zu nehmen, niemand hat das Recht, Blut zu vergießen, niemand darf über das Leben eines anderen verfügen! Der Mensch ist ein Wert an sich usw. usf.... Aber ich will jedermann fragen: Was hat die Menschheit verloren, wenn einigen Schwachsinnigen das Leben

genommen wurde? Es wäre ein Verbrechen, einen Richard Strauss, einen Furtwängler, einen Klages zu töten, doch scheint es mir kein Verbrechen zu sein, das Dasein einiger Individuen zu zerstören, deren Verlangen nach Macht durchaus nicht Befriedigung finden kann. Für Röhms Verschwörung gibt es keinerlei Rechtfertigung außer dem unendlichen Imperialismus des menschlichen Größenwahns. Ein völlig Unbegabter gibt sich nicht damit zufrieden, bloß ein Reichsminister zu sein, sondern verrät seinen besten Freund, um ein unrechtmäßiges Machtverlangen zu stillen. Was verdient so ein Mensch anderes als den Tod? – Es gibt nichts Eindrucksvolleres als eine Revolte aus Elend, und es gibt, als Bewußtseinsdrama, nichts Eindrucksvolleres als den Anarchismus. Doch die Revolte der satten Menschen, die Revolte der Anführer, die Revolte der Potentaten ist das Verwerflichste und Widerlichste. In Deutschland gab es bloß eine Verschwörung der Anführer, eine Revolte von oben, eine Unzufriedenheit der Machtberauschten. Solchen Menschen das Leben zu nehmen, das Blut solcher Bestien zu vergießen ist eine Pflicht.

Ein Diktator hat nicht das Recht, den Aufstand der Hungernden zu ersticken, aber er ist verpflichtet, die Revolte der Satten zu ersticken.

Dem Nationalsozialismus fehlte, um eine ernstzunehmende Bewegung zu sein, das *Blut*. Um so besser, daß nicht das Blut der Gegner, sondern das der Anhänger geflossen ist. Größe und Ernst gewinnt eine Bewe-

gung nur durch Opfertaten und durch eine Reihe von Unwiderruflichkeiten. Was ich gegen die heutige Demokratie einwende, ist ihr Mangel an Heldentum, die Verweichlichung, die Liebe zum Kompromiß wegen der Flucht vor dem Wagnis, die Abwesenheit des Abenteuers, selbst im schlechten Sinne dieses Wortes. Eine Bewegung, eine Strömung muß schwarze Flecken und vor allem rote aufweisen, damit die Taten feierlicher, endgültiger, gefährlicher werden.

Eine Bewegung schuldet es ihren Opfern, ernst zu sein. Die Gegner, die du vernichtet und getötet hast, verpflichten dich zum Drama und zu unendlichem Ernst. Die russische Revolution wurde um so schöpferischer, je mehr die Opfer die Bolschewiken zu einem Dynamismus anregten, der ebenso intensiv war wie die Reglosigkeit kalt, in die der Tod Gegner und Verräter bannte. Die erste Pflicht gilt den Feinden und nicht den Freunden. Wenn das Leben so vieler Menschen derart uninteressant ist, ist dies nicht der Tatsache zu verdanken, daß es nur wenigen gelingt, Tote in ihrem Bewußtsein zurückzulassen, daß nur manche geistig, in sich selbst zahllose Lebewesen zu töten vermochten? Wir alle verursachen zu wenige Opfer, wir haben zu wenig Liebe und zu wenig Haß. Aus diesem Grund fällt es so schwer, das Menschengeschlecht zu lieben. Der Ekel vor dem Menschen erfährt eine dermaßen schreckenerregende Rechtfertigung, daß der Tod einiger Nullen nicht beeindrucken kann.

Für den Triumph einer Bewegung, für die er sein Leben ruinierte, hat ein Diktator das Recht, einige Lebewesen in den Tod zu schicken, die den Aufstieg der Bewegung im Namen rein subjektiver Gründe behindern. Wenn man davon überzeugt ist, daß die Bewegung, in die man einbezogen ist, für das Schicksal einer Nation lebenswichtig und fruchtbar ist, kann man dem Wunsch anderer nach uneingeschränkter Freiheit nur mit den Methoden des Unwiderruflichen begegnen. Das ganze Leben lang werde ich wiederholen: Nicht jeder Mensch verdient, frei zu sein. Das Vorurteil der Freiheit für alle ist eine Schande.

Der zügellose Optimismus hält der geringsten und bedeutungslosesten Offenbarung der menschlichen Natur nicht stand.

Wer den Alltagsmenschen beobachtet, sinnlos aufgezehrt von der Mittelmäßigkeit der Pflicht, zu jeder Ergriffenheit unfähig, hohe Pläne in kleinlicher und vulgäre Absichten in edler Weise miteinander verbindend, diesen Menschen, der für nichts sterben kann, für eine Idee, eine Obsession, eine Vision oder eine Absurdität, der niemandes Opfer und schon gleich gar nicht Opfer seiner selbst sein kann – den packt ein bitterer und giftiger Abscheu vor dem Menschen im allgemeinen und im einzelnen.

Wenn man von dieser Menge von Schwachsinnigen einen Teil beseitigte, der sich wegen seines Größenwahns ein Weniger an Schwachsinnigkeit einbildet, ver-

mag ich nicht einzusehen, in welcher Weise man auf ich weiß nicht welche moralischen Werte einen Anschlag verübte. Nichts ist verwerflicher, als wenn der Ethizismus jedes Dasein, insofern es ein Dasein ist, zu einem Wert an sich macht. Diese Transposition ist gänzlich ungerechtfertigt, denn die meisten Existenzen überwinden nicht ihr Gesetz immanenten Daseins, ihnen gelingt es nicht, etwas anderes zu sein als bloß platte und materielle Offenkundigkeit. Mensch zu sein, bloß Mensch zu sein bedeutet nichts. Eine ganze Welt fragt sich: Aber der Mensch? –; eine ganze Welt fragt sich: Aber die Ideale? Ah, dieses Vorurteil des Wertes an sich des Menschen. Ein Tier, das statt Haaren Ideale trägt!

Warum Wert an sich? Mit welchem Recht? Wenn man sieht, wie wenig sich die Mehrheit der Menschheit aufreibt, wie wenig sie der Sinn oder Un-Sinn dieser Welt schmerzt, berechtigt sie das Stammeln einiger abstrakter Formeln nicht zu absoluten Ansprüchen. Wert an sich? Das ist reine Feigheit. Denn dahinter versteckt sich die Furcht vor dem Opfer. Die mittelmäßigen Menschen, die ganze Menschheit münzt sich gern zum Selbstzweck um, damit sie sich aus dem, was bei höheren Wesen *Daseinsrecht* ist, einen Schild oder Schirm für ihr inneres Nichts macht, für die Leere dieses Geschöpfs, das nicht wieder Tier, aber auch nicht Alles werden will.

Um zum Schauspiel des heutigen Europa zurückzukehren, die *epileptischen Momente*, in denen ein Erdteil

zappelt, sollten uns nur Anlässe bieten, unsere Standfestigkeit und Stärke zu überprüfen, uns auffordern, aufrecht zu stehen, nicht zu stürzen, selbst wenn wir alles verloren haben. Und seien wir den Diktaturen dafür dankbar, daß sie uns die Freiheiten zwar raubten, die Freiheit aber, traurig zu sein, nicht rauben konnten.

München, 15. Juli [1934]

Niemals würde ich diese Zeilen schreiben, wenn ich nicht die Atmosphäre von Heuchelei und Schalheit, die alles einhüllt, was bei uns sexuelle Problematik ist, als Gift empfände, wenn mich der Geist, in dem eine tripperverseuchte und demokratische Generation aufwächst, nicht in Aufruhr versetzte. Vergessen wir einen Augenblick jene Kategorie von Halbintellektuellen, die Rezensionen schreiben und sich für Kritiker halten, übergehen wir den Dünkel aller Nullen, die ihre Unzulänglichkeit hinter Paradoxen verbergen, und spucken wir auf das ganze Lumpenpack ungebildeter und schmutziger Polemiker – und kehren zum moralischen Unheil einer Jugend zurück, die einem stumpfsinnigen Erziehungssystem zum Opfer fiel, einer Erziehung, die »modern« genannt wird, um nicht als verbrecherisch bezeichnet zu werden.

Denken Sie an die Geschlechtserziehung eines jungen Menschen aus Rumänien, denken Sie an die Art und Weise, wie er an den wesentlichsten Intimitäten teilhat, und Sie verstehen, welch ein gräßliches Sinnbild das Bordell in dessen Leben ist. Sie werden verstehen, daß der junge Mensch bei uns eine im Innern zerstörte Person ist, unfähig zu jeder Art von Naivität, klarsichtig, von mörderischer Klarsicht, mit einem Abstand zum

Leben, der durch alles Maßlose in der Vulgarität noch größer wird. Dadurch bekommt die Einweihung in die wesentlichen und höchsten Akte den Charakter sittlich-seelischer Leere und einer Gefühlsentjungferung. Ich glaube nicht, daß es in Europa ein zweites Land gibt, in dem die Sexualität in diesem Maße eines affektiven Glanzes, eines emotionalen Gerüsts und einer naiven Spontaneität beraubt wird. In jeglichem Sinne ist das Mysterium heillos defloriert.

Daher begreift man, warum man, wenn man die deutsche Jugend kennt, angesichts des augenfälligen Kontrastes verpflichtet ist, wider den Geist unserer Jugend zu wettern. Obgleich Deutschland nach dem Krieg alle Wogen der Perversion und in der Homosexualität die größte Krisis der Männlichkeit durchlitten hat, bin ich nirgendwo einem stärker geläuterten, einem tiefer von Natürlichkeit und Naivität durchtränkten Stil des Geschlechtslebens begegnet. Unendlich ist meine Begeisterung für das System der Freundschaft zwischen Mann und Frau, das jeden Deutschen der gräßlichen Erfahrung des Bordells, dieser ersten widerwärtigen Offenbarung des Lebens, enthebt. Jeder Deutsche, welchen Alters auch immer, ist ein Kind im Vergleich zu einem rumänischen Jugendlichen. Da gibt es nicht die Reife desillusionierter Menschen, die den rumänischen Jugendlichen kennzeichnet, für den das einzige Ereignis im Leben der Tripper ist, die organische Entsprechung der Durchtriebenheit, es gibt nicht diese Vergewalti-

gung des Lebens, durch die ihm die das Nichts des Lebens umhüllenden Illusionen geraubt werden. Ein ernsthaftes Land *rettet* die Mysterien und stellt die Orte nicht bloß, an denen das Irrationale des Lebens zur Substanz wird. Aber es ist grauenhaft, in einer um das Unausdrückbare gebrachten, ihrer Geheimnisse beraubten, in ihrem Wesen geschändeten Welt zu leben.

Nie werde ich aufhören, meinen Fluch gegen die unermeßliche Schändung zu schleudern, die im Bordell das Heiligtum der Einweihung der Jugend in die Geheimnisse des Lebens eingerichtet hat. Mich ekelt diese tripperverseuchte, durchtriebene und intelligente, pfiffige Jugend an, mit blassem Gesicht und kleinem Schnurrbart, mich ekelt eine Jugend an, die aus der Kameradschaft kein Ideal, aus einem fanatischen Zusammenstreben keine Mission macht, und die statt eines Privatlebens lieber Märsche veranstalten und ihr kritisches und sinnloses Bewußtsein in einem Lebensstrom, der über dieses Bewußtsein hinausgeht, auflösen sollte. Mich ekelt die ganze französierte, feine, subtile Jugend an, die, wenn sie modern ist, impotent ist, und der, wenn sie traditionalistisch ist, der Messianismus fehlt. Mich ekelt alles an, was bei dieser Jugend nicht Fanatismus ist, alles, was keine Zukunftsvision ist, alles, was nicht imperialistischer Behauptungswille und grenzenloses Opfer ist. Ich wollte eine absurd inbrünstige Erregung, gewaltig in ihrer Eroberungsfähigkeit, eine Erregung, die Prophetie, blinder, bebender Aufschwung und tödli-

che Leidenschaft wäre. Man müßte dieser Jugend eine ungeheure Lehre in Energie erteilen, damit sie, auf eine höhere Lebensstufe gebracht, durch große Spannung ihre ganze organische Vulgarität wettmachte.

Daß nirgendwo anders als in der Sexualität die Vulgarität derartige Ausmaße angenommen hat, daß nirgends der Balkanismus abscheulicher ist, leuchtet dem ein, der den Vorgang versteht, durch den alle wesentliche Intimität in schmutzige Erscheinung umschlägt, sobald sie des Mysteriums beraubt wird. Von einer Sexualmoral reden, bedeutet, der Sexualität erotischen Nimbus, Gefühlsverklärung zuzuschreiben, keinesfalls aber eine Einschränkung des Exzesses vorzunehmen oder das verwerfliche Vorurteil der Jungfräulichkeit zu achten. Und wider jede Art des Normativen, wider jede Transzendierung der Normen bezwinge eine Immanenz des Lebensaktes die quälende Zweiheit Moral – Leben. Nichts ist widersprüchlicher als eine »Sexualmoral«, wenn die Moral als ein System von gegenüber dem Leben autonom kristallisierten Werten aufgefaßt wird, wenn wir uns durch die Moral in eine Reihe von Werten *neben* dem Leben einschließen. Der Vitalismus sei die Vision, die die Sexualität von den Verknöcherungen so vieler Nicht-*Werte* befreie. Statt eines reflektierten, klarsichtigen, kritischen und lähmenden Bewußtseins müssen wir den Vorrang des Lebensaktes behaupten, das heißt, wir müssen lernen, den Gedanken zu einem verwischten Schatten des Lebens zu machen. Leben wir unser

Schicksal in der *Mystik der Lebensquellen*. Ein temperamentbedingter, lyrischer und fruchtbarer Irrationalismus offenbare uns die Wurzeln des Lebens, da, wo es noch nicht von einer ganzen abgeleiteten Welt der Werte verseucht wurde. Die Mystik der Lebensquellen, das heißt die ekstatische Erfassung der inneren Lebensdialektik, die Aufhebung des Bewußtseins in der Dämonie des Eros.

Schärfste Worte sollten wir finden, um alle Gegner der vitalistischen Mystik zu verachten, blind sollten wir sein in unserem Haß auf die morschen Apologeten eines überholten Intellektualismus. Nichts hindere uns an unserer Bewunderung für einen Kult des unüberlegten Lebens, für die Lebensquellen, und nichts halte uns zurück von unserer Frömmigkeit gegenüber den jungfräulichen Daseinsquellen, den naiven Fließkräften, die das Leben in ein irrationales Strömen einschmelzen. Alles, was *abgeleitet* ist, müssen wir an den Rand unseres Elans rükken, alles, was Grenze ist, erklären wir zur Müdigkeit, und vergessen wir unsere Gedanken in den eigenen Ekstasen! Und wenn manche von den metaphysischen Offenbarungen der Sexualität gesprochen haben, vergessen wir nicht, was in der Sexualität ekstatisch ist, nicht, was uns in ihr tief und unbesonnen macht!

Der Vorrang aller Lebensakte, die sich in der Ekstase lösen und darin verschmelzen, sei uns unentwegte Obsession, und, verwirrt von so viel Inbrunst, vergessen wir die ganze Welt der Schemata und der Formen.

Welche Reinheit des Seelenlebens kann man von einer Jugend erwarten, die wegen so vieler gesellschaftlicher Vorurteile gezwungen ist, im Schatten der Bordelle zu leben? Wo wird man, obwohl bei uns die Frau im Leben des Einzelnen eine viel wichtigere Rolle spielt als anderswo, so viel vulgärer Verachtung der Frau begegnen, so vielen unzulässigen Erörterungen über jene epileptischen und feierlichen Augenblicke? Niemand bedenkt, wie verheerend die Atmosphäre unseres Lebens ist, niemand versteht das moralische Bordell, das die Seele einer Jugend verwüstet. Das Pharisäertum der Sexualmoral und das Vorurteil der Jungfräulichkeit haben das Bild der Straßenhure zu einem Prototyp, zur ursprünglichen und notwendigen Form der Frau umgemünzt. Obgleich ich zugebe, daß man über die Frau nur pessimistisch denken kann, entsetzt mich jedoch die Vulgarität in unserem Land dermaßen, daß ich Zuflucht zu Mozarts Musik nehmen muß.

Das Christentum und das Ärgernis, das es in die Welt brachte[1]

Je substantieller eine Wirklichkeit ist und je quälender ein Problem, um so mehr paßt sich das Zweideutige der Form des Geistes an und verstärkt die Unentschiedenheit des Gefühls bis hin zur Unlösbarkeit. Alle Probleme sind zu groß. Und sie sind nicht an sich selbst zu groß, sondern in der Verwirrung und der Verlegenheit, der sie uns aussetzen. Ich glaube, man könnte das Problem des Daseins Gottes lösen, wenn wir den Mut hätten, sein Dasein zu ertragen. Doch wer hat die Kühnheit, in der Verneinung ebenso objektiv wie in der Bejahung zu sein? Wem kann es gleichgültig sein, ob es Gott gibt oder ob es Gott nicht gibt?

Wenn jeder von uns eine individuelle Offenbarung der Gottheit ertrüge, wären wir verloren. Wüßte ich mit absoluter Gewißheit, daß es Gott gibt, was hätte ich da noch zu tun? Das moderne Gefühl des persönlichen Unendlichen kann in Gott nur die höchste und verheerende Begrenzung sehen. Aber auch ohne Gott droht der Einzelne, seiner eigenen Ausdehnung zum Opfer zu fallen, so daß, indem er Gott flieht und zugleich sucht, das Zweideutige mit der Hinnahme des Unlösbaren zu-

1 Ärgernis = *skándalon*, vgl. Matthäus 16,23; 26,31-33; Markus 14,27-29.

sammenfällt. Müßte ich mich dennoch zu einer der Parteien schlagen, ich würde dazu neigen, zu glauben, daß die Ungläubigen im Vorteil sind. Sie können noch darauf hoffen, irgendwann zu glauben, sie haben noch etwas zu erwarten, während die Ungläubigen aus dem Verkehr gezogen sind. Von dem Augenblick an, da man an Gott glaubt, ist, was man auch tun möge, zu wenig. Ich verstehe sehr wohl, warum einige Mystiker das praktische Leben völlig ablehnen. Handeln ist eine der Offenbarung zugefügte Beleidigung.

Warum sollte ich nicht zugeben, daß ich kein genaueres Gefühl für das Christentum habe, die Religion, die für Gott die größte Propaganda gemacht hat. Der endgültige Glaube ist das größte Mißtrauensvotum gegenüber dieser Welt, die sich an der Kreuzung des Nichts mit der Gottheit befindet. Dieser Kreuzung möchte ich nie entkommen, denn, welche Richtung ich auch einschlüge, ich muß einen Gewinn durch einen Verlust bezahlen. Unsere Welt ist der Triumph der Dialektik.

Wenn wir das Christentum ernst nehmen, ist *hienieden* alles verloren. Was tat das Christentum denn nicht alles, uns den einzigen *Ort* im Weltall, von dem wir uns nicht ohne Wehmut trennen können, schlechtzumachen? Das ganze »Neue Testament« ist nichts als eine göttliche Schmähschrift gegen diese Welt. Das Christentum betrachtet allzusehr von *oben* herab. (Hochmut oder Himmel?) Und wir sind unten; aber nicht so weit

unten, daß wir keiner einzigen himmlischen Stimme antworten könnten...

Hat das Christentum die Menschen wirklich aus der Welt herausgerissen? Die Wahrheit ist, daß es den Sinn für die Welt pervertierte, den Sinn für das Unmittelbare, dem die Täuschungen uns ausliefern. Wenn ich mich auf den Standpunkt unserer Welt stelle, ist das Christentum radikaler als der Buddhismus, entgegen den einhelligen Behauptungen. Der Buddhismus löst uns *hier* und *überall* auf. Unsere Welt läßt keinerlei demütigenden Vergleich zu: weil sie nicht ist, kann das Nichts kein Mehr sein. Oder, indem er dem Dasein die Qualität des Schmerzes zubilligte, hat der Buddhismus unsere Ehre gerettet und uns damit ein großes Verdienst zugeschrieben. Aus dem Blickwinkel jeder anderen Welt als der unsrigen kann das Christentum als ermutigend betrachtet werden; uns aber behielt es nur Verachtung vor. Was ist das Christentum, wenn nicht der Trost, der uns in der *anderen* Welt in Aussicht gestellt wird? Dies wäre nicht arg, wenn nicht alles, was wir *hier* tun, nur durch die Beziehung zum *Jenseits* gelten würde. Das Himmelreich *folgt* nicht auf unsere »Knechtschaft«, sondern ist gleichzeitig. (Und wäre es auch nur *psychologisch*, wir wären nicht weniger für nichtig erklärt.)

Wir haben nur eine einzige Formel für unsere Welt: *den Positivismus der Täuschungen*. Das Christentum ist das genaue Gegenteil dieser Formel.

Es ist nicht leicht, Christ zu sein; keinesfalls kann es

angenehm sein. Es muß allerdings sehr schwer sein, es zu *werden*. Als Christ wird man vermutlich geboren, ebenso wie Talente[1] angeboren sind.

Was ich dem Christentum vorwerfe, ist seine übermäßige »Tiefe«. Es steigt zu tief hinab in Dinge, die uns weh tun, und nachdem es alles verstanden hat, beeilt es sich nicht, uns mit einem Zugeständnis entgegenzukommen, sondern läßt uns als Beute eines Konflikts von den Ausmaßen der Tragödie zurück. Wir sind immer zu schwach für das Himmelreich und zu stark für die Welt der Täuschungen.

Im christlichen Maximalismus wurde die Idee der Sünde geboren, die originellste und seltsamste in der christlichen Ideenwelt. Selbst wenn Vorwegnahmen auch in anderen Religionen zu finden sind und diese Idee dem Heidentum nicht fremd ist, die Tatsache, daß sie der christlichen Welt einen einzigartigen Zugriff auf die Gesellschaft ermöglichte, genügt vor einem imaginären Gericht der Geschichte für eine Anklage. Sören Kierkegaard, ohne den theologisch nicht mehr gedacht werden kann, fand in der Paradoxie des Daseins Jesu ein wahres Ärgernis, das wesentliche Ärgernis des Christentums.[2] Für die christliche Welt, für alle Menschen, die gelitten und sich durch das Christentum erlöst ha-

1 Anspielung auf das Gleichnis von den Zentnern (*tálanton, talentum*), Matthäus 25,14-30.

2 Vgl. Sören Kierkegaard, *Einübung im Christentum,* Zweiter Teil, übers. von H. Gottsched, *Gesammelte Werke,* Bd. 9, Jena: Eugen Diederichs, 1912, S. 66-131.

ben, waren die Sünde und das schmerzliche Bewußtsein der Sünde eine größere Erschütterung als das Unerklärliche des Daseins Jesu. Im *Innern* des Christentums kann es so aussehen, als sei Jesus ein Gott für den Glauben und ein Unglück für die Vernunft, *außerhalb* des Christentums, das heißt bei den zu Christen *Gewordenen,* nicht aber als Christen Geborenen, erscheint die Sünde nicht weniger als ein Drama, das selbst der Tod nicht löst. Im Judentum hatte die Sünde nicht die Universalität erlangt, die ihr das Christentum sowohl in qualitativer als auch in quantitativer Hinsicht zuschrieb.

Die Sünde ist die metaphysische Verurteilung des Menschen. Er ist in seinem Wesen verloren; das nur durch jenes Mehr bestimmt ist, das die Geschichte und der Fall hinzufügt haben. Als Tier ist er nicht verurteilt, sondern nur als Geist; so ist er in seiner Eigen- und Wesensart verurteilt. Bedeutet dies denn, daß der Sturz des Menschen nicht auch das Leben im allgemeinen betrifft? Zieht nicht die Sünde des Menschen auch das Leben in Mitleidenschaft? Hat die menschliche Sünde das Leben nicht bloßgestellt? Die qualitative Universalität der Sünde bedeutet ebendies. Die Gottheit ist im Drama der Sünde über das Ziel hinausgeschossen.

Die Mission des Christentums hätte im Ersticken des *Bewußtseins* der Sünde mit allen Mitteln bestehen sollen. An uns wäre es dann, die Sünde durch eine wahre anthropologische Revolution endgültig zu zerstören.

Das Christentum hat alle Keime und Unruhen, die

dem Sündenbewußtsein vorangehen, ans Tageslicht gebracht und nutzbar gemacht. Wie viele Menschen sind im Laufe der Jahrhunderte nicht unter der unerträglichen Bürde der Sünde zusammengebrochen?! Alles Dramatische im Menschen mündete in das Meer dieses Fluchs. Ohne Sündenbewußtsein hätte der Mensch ein unscheinbares Drama gelebt und sich wegen der Unwiderruflichkeit der Schuld, zu sein, nicht mehr bei klarem Verstande gequält.

Die Sünde ist ein Anschlag auf unsere Welt der Täuschungen. Aus der Sicht dieser Welt und ihrer Täuschungen kann die Erlösung von der Sünde durch die Erlösung von der Welt nur ein Verlust sein, der uns sowohl die Sünde als auch den Ort, zu dem ihre religiöse Verneinung uns führen würde, hassen läßt. Wenn die Verneinung der Sünde die Verneinung unserer Welt voraussetzt, werden wir Mittel und Wege finden, uns an der Sünde vorbeizuschleichen, wie die Engel an Adam vorbeigeschlichen sind.

Karl Barth, ein Theologe von erschreckender Unversöhnlichkeit *uns* gegenüber, gründet unser Wesen auf die Sünde, wenn er in seinem *Römerbrief* behauptet: »Die Sünde ist das spezifische Gewicht des menschlichen Wesens.«[1] Demjenigen, der nicht unter der

1 Karl Barth, *Der Römerbrief.* Bern: Bäschlin, 1919; 2. Aufl. in neuer Bearbeitung. München: Chr. Kaiser, 1922, 5. Abdruck der neuen Bearbeitung, 1929, S. 145: »Sünde ist die grundsätzliche Bestimmtheit und Einstellung des uns bekannten Menschen. Von dem Menschen, der nicht Sünder wäre, können wir nichts wissen. Sünde ist Macht (Kö-

Bannkraft des Himmels leidet, kann die dialektische Theologie nur den Strick bieten.

Das Christentum hat den Menschen in keiner Weise verschont. Das Mitleid, ein christliches Gefühl, veranlaßt mich, ihn gegen die Angriffe des Christentums zu verteidigen. Solange der Mensch noch durch das zwanghafte Bewußtsein der Sünde geplagt wird, bleibt er ein verurteiltes Wesen. Das Gefühl der Sünde ist unter den tiefen Gefühlen das verfluchteste. Das Christentum hätte uns nicht unglücklicher machen, sondern uns mehr Illusionen in einem tieferen Fall geben sollen. Es ist nicht angenehm, Christ zu sein.

Die Einwände, die Nietzsche und Rosanow gegen das Christentum vorgebracht haben, sind nicht an sich selbst interessant, sondern wegen des Seelendramas, aus dem sie hervorgegangen sind. Nietzsche und Rosanow waren Feinde des Christentums aus religiösen Beweggründen; wer das Christentum bekämpft, ohne ihm verwandt zu sein, verdient keinerlei Beachtung. Bertram[1]

nigsmacht 5, 21), die Macht, unter die der Mensch dieser Welt gestellt ist. Die Sünde des einzelnen Menschen ist die mehr oder weniger deutliche Veranschaulichung dieser Lage, sie hat ihre Bedeutung für das Gewicht, mit dem gerade er von dieser Lage bedrückt ist, sie hat aber nicht die Bedeutung einer Veränderung jener grundsätzlichen Bestimmtheit und Einstellung.« Vgl. auch S. 222-225. »Nondum considerasti, quanti ponderis sit peccatum« (Du hast noch nicht erwogen, von welcher Schwere die Sünde ist.). Anselm von Canterbury, *Cur deus homo. Warum Gott Mensch geworden*. Lat. u. dt. [Besorgt und übers. von Franciscus Salesius Schmitt], München: Kösel, 1956, lib. II, cap. XXI, S. 74.

1 Ernst Bertram, *Nietzsche. Versuch einer Mythologie* [1918], 7., durchge-

hat gezeigt, wie christlich Nietzsche ist, und Rosanow ist der seltsamste und paradoxeste Religionsphilosoph, den Rußland je hatte.

Das Christentum kann nur dann eine Enttäuschung für dich sein, wenn du zuviel von ihm erwartet hast und es dir zu wenig gegeben hat. Nietzsche und Rosanow waren vom Drama gepeinigte Existenzen. Was hätten sie also vom Christentum erwarten können außer Trost? Doch der kam nie. Das Christentum kann nicht Seelen trösten, die auf eine Erlösung ohne Transzendenz warten. Nietzsche und Rosanow ersehnten die Erlösung hienieden, die irdische Ekstase. Das Christentum tat jedoch alles, um die irdische Ekstase in Verruf zu bringen; für immer vereitelte es die Möglichkeit eines immanenten Sinnes der Ekstase. Die christliche Verzückung setzt die andere, die jenseitige Welt voraus. Da es kein irdisches Paradies gibt, kann es auch keine irdische Ekstase geben. Also sind wir durch das Christentum verloren, wegen der zu großen Enttäuschung, die es uns bereitet. Niemand kann wissen, wie weit das Christentum das Unglück vertieft hat. Eine Religion des Trostes, die nicht tröstet, ist das ich weiß nicht wievielte menschliche oder göttliche Ärgernis des Christentums.

Trost ist ein wesentliches religiöses Motiv. Deshalb behauptete ich, Nietzsche und Rosanow seien aus religiösen Gründen antichristlich. Das Antichristliche der

hend verbesserte und ergänzte Aufl., Berlin: Georg Bondi, 1929, S. 14 f., 38, 69 ff., 144 ff.

linken Theoretiker beweist absolut nichts gegen die Substanz des Christentums, ist jedoch unendlich aufschlußreich für das Christentum in der *Geschichte*. Die Ablehnung des Christentums durch diese Theoretiker ist nicht *an sich* interessant; keiner von ihnen scheint die christliche Tragik erfahren zu haben – weil er dessen tragischer Zerstörung Vorschub geleistet hat.

Da wir die Geschichte nicht bezwingen können, ist es uns nicht möglich, die Richtigkeit der Argumente revolutionärer Theoretiker nicht anzuerkennen. Das Christentum wollte eine Revolution des Menschen, aber es ist ihm lediglich gelungen, auf der Ebene der Geschichte den Stab über ihn zu brechen. Nimmt man dennoch an, das Christentum hätte eine moralische Revolution ausgelöst, so hat es jedoch nicht die politischen und wirtschaftlichen Entsprechungen, die Auswirkungen der moralischen Revolution auf andere Bereiche erkannt. Die moralische Sklaverei ist verschwunden; sie ist aber nicht auf wirtschaftlicher und politischer Ebene verschwunden. Man denke an die Französische Revolution, die nicht die wirtschaftlichen Schlußfolgerungen aus dem politischen Geist gezogen hat, den sie einführte. Jede Revolution ist ihrem Wesen nach einseitig. Daher rührt die unvermeidlich pessimistische Feststellung, daß keine Revolution gemacht werden kann, die die Ganzheit des Menschen verändert.

Das Gefühl der Sünde ist das am wenigsten revolutionäre, das man sich vorstellen kann. Ohne Geschichte

gibt es dieses Gefühl nicht, obgleich gerade dieses Gefühl die Geschichte aufhebt. Alle, die wir diese Welt ein wenig lieben, müssen diesen Fluch mit allen Flüchen bekämpfen, die uns die Erde an die Hand gibt.

Das Christentum hat zu viel über den »Geist« gesprochen. In keinem Zeitalter der Geschichte war er vereinnahmender. Wenn er heute in Verruf geraten ist, dürfen wir nicht nur an die Angriffe der Lebensphilosophie denken, sondern müssen uns vor allem die indirekte Rechtfertigung des Elends durch die Vorgaukelung eines paradiesischen Zustands vor Augen halten. Solange es auch nur einen einzigen armen Menschen gibt, müssen wir das Wort »Geist« mit Verlegenheit und Gewissensbissen aussprechen. Das Elend stellt den Geist bloß, wie der Tod den Idealismus.

Jesus hat eine Revolution mit den Menschen von unten gemacht; er hat sie jedoch zu hoch hinaufführen wollen. Und zum Teil ist ihm dies gelungen, denn anders läßt sich nicht erklären, warum die Menschen vergaßen, ihn um das täglich Brot zu bitten, und den unnatürlichen Weg des Geistes einschlugen. Jesus führte seine Anhänger zu weit und sündigte dadurch gegen die Mittelmäßigkeit der menschlichen Gattung.

Die Menschen haben niemals mehr erwartet als die Offenbarung des irdischen Paradieses. Jesus hat ihnen ein zu weit entferntes in Aussicht gestellt, womit ihm lediglich gelang, den menschlichen Widerstand mit einer göttlichen Enttäuschung auf die Probe zu stellen.

Es ist sehr interessant, daß der Krieg, obwohl er die menschlichen Gemeinschaften unmittelbar in Anspruch nimmt, dennoch das Problem der Massen nicht aufwirft, und die Alternative, ob diese gewinnen oder verlieren, geht über eine Schwankung des materiellen Niveaus nicht hinaus. Von den endlosen Kriegen, die in Europa aufeinander gefolgt sind, hat keiner das Schicksal der Massen geklärt, denn alles geschah über ihren Kopf hinweg, doch nicht im Sinne einer Nicht-Beteiligung, sondern in dem eines Aufgehens in der Nation. Alle Kriege waren *national*; die Massen haben sie als Nationen erlebt. Jeder Krieg setzt ein nationales Schicksal voraus. Aber das Problem der Massen ist *gesellschaftlicher* und nur in soundsovielter Linie nationaler Art. Als autonomes Phänomen und an sich betrachtet, ist die Masse die numerische Seite der Geschichte, die ihren Sinn in ihrem gesellschaftlichen Schicksal erschöpft. Die großen Revolutionen hatten wesentlich gesellschaftlichen Charakter; deshalb ist jede große Revolution eine gesellschaftliche und nur mittelbar eine nationale Revolution. In der französischen oder der russischen Revolution sind sich die Massen ihrer selbst *als Massen* bewußt geworden, gewissermaßen unabhängig von der historischen Integration in eine Nation.

Eine große Nation gipfelt in einer großen Revolution, doch diese Revolution ist nur für das Bewußtsein und das Niveau der Massen von Bedeutung, für deren Schicksal als Grundbestand der Nation und als gesondert sich entwickelnde Gemeinschaft. Eine Nation ist stets eine Gemeinschaft, aber nur in Augenblicken der Krise eine Masse. Auf welche Weise »verkümmert« eine Gemeinschaft zu einer Masse?

Der moderne Begriff der Masse bezieht sich auf eine Gruppe, deren Zusammenhalt ausschließlich auf Interessen beruht. Die *Geschichte,* die die Substanz einer Nation ist, wie die Kraft die Substanz der Geschichte ist, spielt in der universalistischen Kultur der Massen keine Rolle. Der Marxismus, der im vergangenen Jahrhundert das Problem der Massen komplexer und ernsthafter aufgeworfen hat, ist zwar ein Historizismus (wie Scheler und Troeltsch zeigten), aber ein methodologischer, der die Geschichte funktional, nicht organisch versteht. Ist es nicht aufschlußreich, daß die Selbstbehauptung der Massen in der Geschichte im Grunde eine Lossagung von der Geschichte ist? Massen hat es immer gegeben; aber es hat nicht immer ein *Bewußtsein* der Massen gegeben. Das Verdienst der Revolutionen bestand nicht darin, ihre äußeren und materiellen Verhältnisse verbessert zu haben, sondern darin, der schnellste und wirksamste Fortschritt dieses Bewußtseins gewesen zu sein. Die Revolution ist das höchste Bewußtsein der Massen. In der Tat: Die Massen *sind* in der Revolution und durch

die Revolution. Der Rest ist Verwahrlosung, Trägheit, Zahlenunermeßlichkeit. Wer Masse sagt, meint Atomisierung, und wer den modernen Begriff der Masse umreißt, kann sich der Vorstellung einer Menge nicht entziehen, deren Hochmut ihrer Zahl und deren Bewußtsein der daraus erwachsenden Drohung entspringen. Das quantitativ Unermeßliche, der zahlenmäßige Gigantismus steigert sich im individuellen Bewußtsein zu etwas Schicksalhaftem und macht jeden Vertreter, jeden einzelnen der Menge Zugehörigen zu einem verbesonderten Schicksalhaften, zu einer individuellen Bedrohung. Die Bewegung der modernen Massen und ihr kompakter Dynamismus haben in ihrem unterirdischen Ausbruch etwas Rauschhaftes. Wenn die Massen zum vollen Bewußtsein ihrer selbst gelangen, geschwellt von ihrem zahlenmäßigen Hochmut, krempeln sie die Geschichte um. *Die Kultur der Massen ist eine neue Art von Geschichte.*

Eine Gemeinschaft setzt einen kollektiven Genius voraus, eine Konvergenz mit geschichtlicher Berechtigung und eine Art irrationalen Zusammenhalts, der desto mehr an Tiefe gewinnt, je stärker er die Einzelinteressen ausschließt. Die Gemeinschaft ist eine *morgenrötige* Form der Kultur. In ihr und vor allem durch sie *ist* der Einzelne. In einer Gemeinschaft bedeutet das Bewußtsein nie das Bewußtsein des Einzelnen, sondern das der Gemeinschaft. Deshalb betrachtet die organische Geschichtsauffassung den modernen Individualis-

mus als Verfallsform. Die Völker haben ihr Leben in der Gemeinschaft begonnen; ihr Verfall kann nur die Befreiung von der Gemeinschaft bedeuten. Die fortschreitende Differenzierung auf allen Ebenen entfernt die Völker von ihrem Kern, und indem sie abstrahiert, was Seele und Schicksal ist, führt sie sie zu Geist und Intelligenz. Gemeinschaft ohne biologische Frische ist unvorstellbar. Deshalb kompromittiert sich das Gemeinschafts-Ethos mit der biologischen Reife eines Volkes. Das gotische Zeitalter der neuzeitlichen Welt, das für die germanischen Länder und von den romanischen nur für Frankreich kennzeichnend war (es ist bemerkenswert, daß Italien die eigentliche Gotik nicht kannte), war das Zeitalter, das einen Kulturfrühling bedeutete und sich auf natürliche und unvergleichliche Weise in der Gemeinschaft verwirklichte. Ein ganzer Prozeß geschichtlichen Lebens mußte ablaufen, damit die Formen labil wurden, die Werte sich dissoziierten, die Individuen sich desintegrierten. Die Zerbröckelung in Individuen, die nur durch Interessen und kraft des Drucks der Zahl zusammenhalten, die aber zusammen eine wahre Lawine in der Geschichte darstellen, hat das moderne Phänomen der Massen geschaffen, ein Phänomen, das auch der antiken Welt in ihrer Dämmerungsphase nicht fremd war und das jede Kultur in ihrer Zerfallsphase kennzeichnet. Das Aufkommen der Masse als eines vorherrschenden und festumrissenen Phänomens bestimmt und enthüllt ein spezifisches und grundlegen-

des Moment im Entwicklungsgang einer Kultur. Ausgehend von einer inneren und unfaßlichen Qualität, verkümmert der kollektive Genius einer Kultur zur quantitativen Erscheinungsform der Massen, zu einer unerbittlichen Zahlenwirklichkeit. Der Weg von der Gemeinschaft zur Masse ist eine Verkümmerung; doch deshalb ist er nicht weniger schicksalhaft.

Es bedeutet wiederum einen großen Mangel an Perspektive und an historischem Verständnis, wenn man ein derartiges Phänomen beklagt oder sich in reaktionären Betrachtungen verliert. Übermäßiger Organizismus führt zu einer starren Morphologie, und da er die Kontinuität zu stark hervorhebt, trennt er die Geschichte in statische Strukturen, in geschlossene Organismen ab.

Sowohl der Individualismus als auch der Kollektivismus haben zur Entstehung des Massenphänomens beigetragen. Da der Individualismus beim Einzelnen das Bewußtsein seiner Einzigartigkeit übersteigerte und ihn durch Absonderung schöpferischer machen wollte, hat er ihn aus der Gemeinschaft herausgerissen. Diese Desintegration betrifft nicht nur die Begabten, sondern jeden einzelnen. Der Individualismus bedeutet nicht unbedingt Nietzsche. Geschichtlich hat der Individualismus das Problem jedes einzelnen Individuums aufgeworfen, nie das der Herde. Der Individualismus des XIX. Jahrhunderts geht nicht vom individuellen Heroismus aus, sondern vom geistigen und wirtschaftlichen Konflikt jedes Einzelnen als eines Einzelnen. In einem

Werk über Max Stirner hat Basch[1] die Quellen des Individualismus in der Monadologie aufgezeigt. Hinsichtlich des demokratischen Individualismus scheint diese Herleitung theoretischer Art sehr wahrscheinlich zu sein. Der monadologische Pluralismus findet auf geschichtlicher Ebene seine Entsprechung in der von der Demokratie geschaffenen gesellschaftlichen Atomisierung, die den Schwerpunkt in jedem Einzelnen und in keinem festlegte.

Der Grundzug der Masse ist, im Innern amorph zu sein. Diese innere Formlosigkeit erklärt sich durch das Mechanische des Zusammenhalts, durch den Mangel an kollektivem Genius, an konvergentem Streben. Der mechanistische und atomisierende Kollektivismus führte zu denselben Konsequenzen wie der Individualismus, allerdings ging er von der Atomisierung der Herde aus, nicht von derjenigen der Individuen. Die ganze Ideologie des vergangenen Jahrhunderts hatte insgeheim keine andere Absicht als die, dem Massenphänomen Ausdruck zu geben, das bereits durch die Französische Revolution Gestalt angenommen hatte, um später zu dem *Gemeinplatz* der Geschichte zu werden.

Der Internationalismus ist ein Ausdruck der Massenkultur. Jeder Zusammenhalt, der nicht historischer Art ist, kann zum Internationalismus führen. In der Massenkultur, einer Kultur der Großstädte und der Indu-

1 Victor Basch, *L'individualisme anarchiste. Max Stirner*, Paris: Félix Alcan, 1904 (Bibliothèque générale des sciences sociales), réédition 1928.

striezentren, zählt die *Funktion,* nicht die Substanz.[1] Die ganze Kultur der Gemeinschaft, der organischen Werte, eine Kultur der Kleinstädte und ländlichen Gegenden, begriff das Werden substantialistisch. Alles war und verging *an sich;* nichts war ersetzbar, denn die Funktion gehörte zum Sein. Der Funktionalismus in der Kultur schuf die Welt ersetzbarer Formen, die Quantität als autonomen und regulierenden Wert. Von der funktionellen Baukunst (im Stile Le Corbusiers) über die atonale Musik oder die zeitgenössischen nicht-substantialistischen Philosophien bis hin zum einfachen Anzug, der in seiner Fadheit dem des Arbeiters gleichkommt, oder zur politischen »Uniform« der diktatorisch regierten Länder – alles neigt dazu, die Welt zu einem Komplex von umkehrbaren und automatischen Werten, von ihrem Sinn nach identischen, dem Inhalt nach indifferenten Funktionen zu machen. Wer die Großstädte nicht versteht und wem das industrielle Monumentale fremd ist, der wird nichts von der Bewegung der modernen Massen begreifen, von deren Drang, die bestehende Ordnung umzustürzen, sich aber vor allem ein neues Bewußtsein zu schaffen. Was diesen Massen eine Größe verleiht, wie sie der gemeinschaftliche Lebensstil nicht gekannt hat, da er in seine eigene Innerlichkeit allzusehr eingeschlossen blieb, ist die Schaffung eines neu-

1 Vgl. Ernst Cassirer, *Substanzbegriff und Funktionsbegriff. Untersuchungen über die Grundfragen der Erkenntniskritik,* Berlin: Bruno Cassirer, 1910.

en Typus von Geschichte, der auf einem quantitativen, numerischen Monumentalen ohne tiefe und innere Symbole, aber von äußerlich einzigartigen Ausmaßen beruht. Jeder Kultur funktionalen Typs liegt die sichtbare Dimension zugrunde, die die innere Geometrie der Kultur substantialistischen Typs ersetzt.

Die Massenkultur ist geistfeindlich, antilibertär, antiindividualistisch. Es genügt, an den Bolschewismus und den Hitlerismus zu denken – Massenphänomene, ebenso unterschiedlich im Inhalt wie ähnlich in der Form –, um zu verstehen, wie viele Opfer die Homogeneität eines Landes fordert, das auf einem sich ausschließlich auf die Massen berufenden System gründet. Bolschewismus und Hitlerismus sind Massenphänomene mit ideologisch unterschiedlichem Inhalt. Das Fehlen des Geistigen kennzeichnet sie gleichermaßen. Dessen Ausschaltung erfolgt in unterschiedlichen Zusammenhängen, doch bei beiden aus außergeistigen Beweggründen. Die Massenkultur hat die Biologie aus der Geschichte ihrer materiellen Geheimnisse verstanden und sie nicht nur als treibende Kraft der Geschichte, sondern als deren Endzweck hervorgehoben. Welchen anderen Sinn kann die Mystik von Blut und Boden im Hitlertum haben als den einer Verneinung des Geistes im Namen aller untergeschichtlichen Werte? Die Massen sind äußerst empfindlich für die Permanenz der Biologie, und in deren Namen wären sie imstande, alles zu opfern. In der gleichen Weise setzt der Ökonomismus

im Bolschewismus die Verabsolutierung des neutralen Geistbereiches und der materiellen Grundlagen der Geschichte voraus. Mir scheint es ein gewagter und zweifelhafter Versuch zu sein, in diesen Anschauungen über die Substruktur der Kultur eine Hierarchie aufzustellen. Einige haben behauptet, die Berufung auf Blut und Boden zeuge von einer tieferen Sichtweise, von der Verankerung in tieferen Bereichen mit stärkeren Wurzeln und mit der ganzen Ewigkeit der vitalen Werte. Andererseits darf nicht vergessen werden, daß die bis hin zur Mystik gesteigerte Betonung des Ökonomischen die Frage nach der Gerechtigkeit und der Verteilung aufwarf und somit in den ethischen Bereich überging, den der hitleristische Biologismus in dessen universalem Wert vernachlässigt, um ihm bloß nationale Geltung zuzuerkennen.

Alle Revolutionen waren Ausdrucksformen für den Zugang der Massen zur Macht. Mehr noch: Macht und Revolution sind für die Massen gleichwertig. Doch wenn sich die Massen in den Revolutionen in einem solchen Ausmaß verwirklicht haben, weshalb spricht man in fast allen Betrachtungen über die Revolutionen von den »enttäuschten Hoffnungen«, von den »sinnlosen Opfern« der Massen? Dieser obligate, aber empörende Pessimismus vergißt etwas, das mit der Psychologie der Massen und der Theorie der Revolutionen zusammenhängt. Alle großen Revolutionen sind aus einem eschatologischen Gefühl heraus entstanden. Die Revolutio-

näre haben so viel Leidenschaft aufgebracht und so viel Blut vergossen, weil sie die Revolution als allerletzten Augenblick der Geschichte erlebten, weil alles, was auf die Revolution folgen sollte, nicht mehr *Geschichte* sein würde, sondern irdisches Paradies. Für jeden großen Revolutionär gibt es eine *Lösung* in der Geschichte. Was er theoretisch weiß, wissen die Massen praktisch. Während die christliche Eschatologie die Geschichte in einer transzendenten Welt »fortsetzt«, »löst« sie der Revolutionär in der Immanenz. Die Utopie des revolutionären Geistes geht von der Überzeugung aus, daß die Geschichte in der Welt gelöst werden kann, daß in der Immanenz ein Ausgang möglich und schließlich, daß das Werden mit einer Lösung vereinbar ist.

Indem sie die materiellen Geheimnisse der Geschichte anbeten, glauben die Massen, ihre Probleme durch die Revolution lösen zu können. Ich glaube, daß die Massen durch die Revolution Gewaltiges erreichen, daß aber die Opfer, die sie gebracht, die Errungenschaften allzuweit überstiegen haben. Was wäre gewesen, wenn im Verlauf der Geschichte das unendliche Ausmaß an Leiden und Qual der Massen eine Entsprechung und einen Ausgleich gefunden hätte? Wären dann nicht die Grundlagen der Geschichte einigermaßen geklärt, und wären wir nicht gezwungen worden, unsere intellektuellen Vorwände zu Motiven einer Tragödie zu machen?

In der Welt wurden die Wahrheiten, für die die Massen gelitten haben, zu Gemeinplätzen. Die Selbstver-

ständlichkeiten, mit denen wir Tag für Tag leben, mit denen wir nicht sterben, sind das Ergebnis namenlosen Unheils. Dennoch finde ich nichts empörender als das Jammern über das Schicksal der Massen. Sie sind zu stark, um nicht das erhalten zu können, was ihrer Stärke gebührt, und wenn sich die Massen täuschten und täuschen, so hängt es mit ihrem Schicksal zusammen, mit den immanenten Grenzen dieses Schicksals. Am häufigsten ist die Dummheit, den Führern die Schuld daran aufzubürden. Wenn die Massen einen *Namen* (in geistigem Sinne) hätten, könnten sie selbst Verantwortung übernehmen. So trägt niemand die Schuld für den Bankrott irgendeiner Revolution. Die ganze Geschichte dünkt mich ein Unsinn, wenn die Revolutionen nicht als Höhepunkte betrachtet werden, im Vergleich zu denen sich die Kriege zu einer Apokalypse summieren, die umkehrbar ist und durch die nur der menschliche Schwachsinn vervielfacht wird. Wenn dem, was wir Geschichte zu nennen belieben, Bedeutungen nicht gleichgültig sind, dann bedeutet die Französische Revolution für Frankreich mehr als Hunderte von Kriegen, bei denen es keinen Sinn mehr hat, wissen zu wollen, was alles es dadurch verloren oder gewonnen hat. Eine Nation, die zu keiner großen Revolution bestimmt ist, ist verurteilt, sich um die eigene Wüste zu drehen. Die einzige Rettung der Massen in der Geschichte ist die Revolution. Auch ist es das einzige Mittel, wodurch sich die Massen *in* der Nation retten.

Am Vorabend der Diktatur

Je mehr sich eine Wirklichkeit zu einer komplexeren Erscheinungsform differenziert, desto weniger läßt sie sich auf eine Formel zurückführen, und unsere Haltung ändert sich im Rhythmus eines Pendels. Ist man zu einer Lebensform oder zu einem spezifischen historischen Stil ursprünglich nicht vorbestimmt, so ist man genötigt, sich mit seinem Schicksal in einer Welt, die nichts festhält, durchzuschlängeln. So gibt es *Menschen*, für die die Nation eine Ur-Offenbarung ist und deshalb niemals ein *Problem*. Der Instinkt bettet sie in eine Wirklichkeit ein, die andere erst spät und um den Preis vieler Ungewißheiten finden. Es gibt Nationalisten, die keinen einzigen Augenblick lang ihr Land als Problem erlebten. Der Fanatismus muß als eine göttliche Gabe betrachtet werden; deshalb ist er seinem Wesen nach viel bequemer, als es scheint. Als Drama im Dasein ist die Langeweile viel zerreißender als der Fanatismus und der Skeptizismus peinigender als jeder Glaube. Fanatismus und Glaube überleben, pragmatisch betrachtet, als geschichtliche Wirkkräfte. Ein griechischer Kyniker hat eine größere Tragödie erlitten als irgendein griechischer Held; doch konkret, aus Sicht der Geschichte, die man macht, wiegt alle Klarsicht dieser Welt eine Heldentat nicht auf. Unauflösbare Grundzüge des Werdens.

Es gibt Menschen, die nur in der Demokratie atmen können, ebenso wie es andere gibt, die es nur in der Diktatur aushalten. Für sie stellen sich die Probleme nicht mehr, weil sie sich einfügen, ohne es zu wissen. Wenn man jedoch einen Abstand zur Welt erreicht hat, fällt es einem nicht mehr so leicht, an jedem Ausdruck des Werdens teilzunehmen. So kann die Diktatur eine *Notwendigkeit* sein, nicht aber eine *Selbstverständlichkeit*. Es geht darum, sich in der Zeit zu entschließen, und nicht darum, sich für eine übergeschichtliche Lösung zu entscheiden. Das eine ist, über die Diktatur als Rettung Rumäniens zu sprechen, und etwas anderes, über die Diktatur als Herrschaftsform im allgemeinen. Deshalb ist es mir unmöglich, mich theoretisch für die Diktatur zu begeistern, obgleich ich sie für Rumäniens einzigen Ausweg halte. Wer nicht an die Früchte des diktatorischen Geistes bei uns glaubt, entfremdet sich der nahen Zukunft dieses Landes. Verträten nicht Menschen, sondern Götter die rumänische Demokratie, würden auch sie deren Todeskampf nicht hinauszögern können. Derart schwerwiegende Mängel wiesen in den Regierungsformen anderer Länder nur die Endphasen auf. Ein wenig anrührender Gang in Richtung Zusammenbruch wird unserer Geschichte der letzten Jahrzehnte auf ewig ein Ende bereiten.

Nicht nur einmal habe ich Freunde und Bürger sagen hören: »Ich bin für die Diktatur, aber mich soll sie in Ruhe lassen.« Sie haben eines nicht verstanden – was je-

der Mensch weiß, der eine Zeitlang in einem diktatorisch regierten Land gelebt hat –, wenn es überhaupt etwas für die Diktatur Wesentliches, Grundlegendes gibt, ist doch dies: daß sie keinen in Ruhe läßt. Die Diktatur ist eine politische Epidemie, der niemand entrinnt, und wer ihr entrinnen will, ist ihr erstes Opfer. Was mir am Hitlerismus beunruhigend und mitreißend schien, war ein Grundzug von Verhängnis, von kollektiver Unerbittlichkeit, so als seien alle Menschen Werkzeuge eines dämonischen Werdens, bis hin zur Schwachsinnigkeit fanatisiert im Helldunkel der Gegenwart. Dem Hitlerismus *verfällt* man. Und so verfällt man jeder Massenbewegung mit diktatorischen Neigungen.

Die Demokratie fordert dich auf, Bürger zu sein; die Diktatur zwingt dich dazu. Die Trägheit des Sterblichen neigt zu Neutralität. In der Diktatur ist es das größte Laster, neutral zu sein. Sogar der Diktator hat mehr Erbarmen mit den Gegnern als mit den Gleichgültigen. Die historische Periode der Demokratie mit ihrem gewaltigen Erfolg läßt sich dadurch erklären, daß sie niemanden gezwungen hat, sich zu irgend etwas zu bekennen, so daß sie das irdische Paradies aller neutralen, losgelösten, der Geschichte gegenüber gleichgültigen Geister ist. Der demokratische Universalismus, die Ausschaltung des Irrationalen und eine verantwortungslose Entwurzelung stellen eine Art irdischer Glückseligkeit dar, wie sie der Menschheit geraume Zeit nicht mehr begegnen wird.

Für den, der durchaus nicht politisch zu denken vermag, kann es, glaube ich, keinen größeren Fluch geben als die Diktatur. Ihre Einmischung in alle Ebenen des Lebens – von der Religion bis hin zur Sexualität – hat keine andere Rechtfertigung als die der Errungenschaften im eigentlich politischen Bereich. Der diktatorische Geist führt eine Politisierung der Kultur in einem solchen Maße herbei, daß alle, die sich mit dem Politischen in keiner Weise trösten können, eine Tragödie durchleiden, die bald auch bei uns viele kennenlernen werden.

Es gibt keine vernünftige, »gutgemachte«, durchdachte oder wohlüberlegte Diktatur. Die Menschen sind in jeder Diktatur wie ein *fanatischer Wald.* Blinde Kräfte brechen in ihnen hervor, und sie tun alles, ohne zu wissen, was sie tun. Der Tellurismus[1], der die heutige Welt kennzeichnet, ist ein Einbruch von Urgewalten, ein Anwehen politischer Kosmogonie, eines unterirdischen Irrationalismus. Andere Daseinsbereiche sind an die Oberfläche des Lebens hervorgebrochen. Wenn man von der hitleristischen »Barbarei«, vom sowjetischen »Mummenschanz« oder vom faschistischen

1 Vgl. Hermann Keyserling, *La Révolution mondiale et la responsabilité de l'Esprit.* Lettre-préface de Paul Valéry, Paris: Stock, 1934, I. La Révolte des forces telluriques et les responsabilités de l'Esprit; ders., *Das Buch vom persönlichen Leben,* Stuttgart, Berlin: Deutsche Verlags-Anstalt, 1936, S. 310 ff. »Revolte der Erdkräfte«. Cioran kannte Keyserlings Werk und erwähnt es in *Schimbarea la faţă a României,* 1936, S. 187, 224.

»Theater« spricht, verweist das Unpassende dieser Kennzeichnungen nur auf das Irreduzible dieser Wirklichkeiten. Jede neue Welt ist zu vielgestaltig und bedrohlich, um von einer Formel erfaßt zu werden. Die Diktaturen »rationalisieren« die Nationen; aber in sich selbst haben sie etwas Keimhaftes, etwas von berauschtem und chaotischem Frühling, von explosiver Unvermeidlichkeit. Die Intoleranz, der Absolutismus, der totalitäre, sich auf Terror stützende Geist individualisiert sie als große Schicksalsmächte und als ein Joch, das man mit Hochmut erträgt. Denjenigen, der, und sei auch noch so wenig, an der Bannkraft der Zeit und an dem Aberglauben der Geschichte leidet, kann der Umstand, daß er in einer Diktatur lebt, nicht gleichgültig lassen. Die Gegner der Diktatur bezeichnen sie als »Abenteuer«, ohne zu wissen, welch großes Lob sie ihr zollen. Jede Diktatur ist ein Abenteuer, selbst dann, wenn sie einen geschichtlichen Gipfel verwirklicht; gleichwohl Abenteuer durch ihren *Rhythmus* und vor allem durch das Ende; denn niemand weiß, *wohin* sie führt. Wenn sie nicht Lösung einer Krise wäre, würde sie mittelmäßig enden, wie alle »normalen« Lebensformen enden, die nicht weniger mittelmäßig anfangen. Doch da die Diktatur mit einem Umsturz beginnt, kann sie nur durch Zusammenbruch enden. Zur Spannung des diktatorischen Geistes gehört das Gefühl einer tragischen Lösung, allerdings ohne eine auch nur halbwegs genaue Vorstellung. Und so entsteht in derartigen Herrschafts-

formen eine ganze Reihe unfaßbarer Problemzusammenhänge, deren Gegensätzlichkeit die Katastrophe beschleunigt.

Um in Deutschland nicht vom Hitlerismus vergiftet oder angesteckt zu werden, habe ich begonnen, den Buddhismus zu studieren. Aber die Meditation über das Nichts half mir mehr als jedes ideologische Lehrbuch – kraft Gegensatz –, den Hitlerismus zu verstehen. Die unmittelbare Positivität und der Terror der Entscheidung in der Zeit, der völlige Transzendenzmangel des Politischen, aber vor allem die erbarmungslose Unterwerfung unter die Macht des Werdens entwickeln sich in einer Diktatur bis zum Äußersten. Erstickender Rhythmus und der Atem des Größenwahnsinns wechseln sich ab, was ihr eine eigentümliche Seelenstimmung verleiht. Das Erscheinungsbild der Diktatur ist monumentales Helldunkel.

Wenn in Rumänien alle heute für die diktatorische Idee Streitenden stürben, würde sich das Land dennoch zur Diktatur hin entwickeln. Doch warum sage ich »würde sich entwickeln«; das Land steht an der Schwelle der Diktatur. Alle jene täuschen sich bitter, die sich vorstellen, es gehe lediglich um eine »Erfahrung«. Die Auswirkungen der diktatorischen Ordnung sind dermaßen schwerwiegend, daß, wenn sie nicht eine geschichtliche Wende bedeuten, die Sackgasse, in die sie führen, endgültig ist. Das liegt weder an der Diktatur noch am Diktator, denn es gibt weder »böse« noch »gute« Dik-

taturen oder gute und böse Diktatoren, sondern die Unzulänglichkeiten haben ausschließlich mit dem betreffenden Volk zu tun. Wenn die Revolution, die die Nationalisten machen werden, keine Früchte trägt, sind nicht sie daran schuld, sondern die unserem Volk anhaftenden Fehler.

Eine diktatorische Ordnung, die lange vorbereitet wurde und nach der Machtübernahme scheitert, stellt nicht die Gruppe, die sie errichtete, bloß, sondern das Land, das sie hervorbrachte.

Wenn das nationalistische Phänomen, das Rumänien heute erlebt und das uns dem wesentlichsten Augenblick unserer Geschichte entgegenführt, uns nicht als *andere* entdeckt, bedeutet es, daß dieses Land in seinem Wesenskern verdorben ist. Deswegen darf man unseren Nationalisten nicht mit Einwänden kommen, die das Programm betreffen. Sie sind nicht schuld, ob sie nun gut sind oder böse, und ihre Verankerung im nationalen Werden enthebt sie jeglicher Verantwortung. Darin muß die Erklärung für die Abwesenheit *theoretischen Bewußtseins* bei diesen Nationalisten gesucht werden. Es sind Werkzeuge unserer *Geschichte,* die sie leben, und sie *werden* es instinktiv tun, ohne weiter an der Tragik des Unauslotbaren zwischen Vision und Wirklichkeit zu leiden.

Je näher jemand dem Unmittelbaren des Lebens ist, desto direkter drückt er die Erdkräfte und den Mangel an Bewußtsein aus. Der rumänische Nationalismus ist

ein so ursprüngliches Hervorbrechen, daß ich von Geologie reden müßte, um ein menschliches Phänomen zu kennzeichnen. Bei fast allen unseren aufrichtigen Nationalisten zeigt sich der Aspekt stürmischer und anarchischer Pflanzen, tiefer und unzugänglicher Keimungen, des urtümlichen Aufbegehrens der Natur, was ihnen einen umhüllenden Zauber verleiht, wie ihn uns noch keine geschichtliche Landschaft Rumäniens bis jetzt geoffenbart hat.

Gegenüber jeder diktatorischen Herrschaftsform stellt die Demokratie eine geistige Inflation dar. Die letzte Konsequenz aus dem Übermaß an Geist ist dessen Entwertung. Und so sind die zeitgenössischen »Barbareien« entstanden, die gegen die der Universalität des Geistes folgende Desintegration reagieren und wieder nach einem Gleichgewicht suchen, indem sie vom Elementaren ausgehen. Die einfache Tatsache: daß die Demokratie, um dich einzugliedern, es für ein zureichendes Merkmal hielt, wenn du *Bürger* warst, während die Diktaturen (diejenigen der äußersten Rechten) das Wesen des Individuums nach der Geburtsurkunde bestimmen (eine völlige Unmöglichkeit in einem liberalen Regime), beweist, in welchem Maße alles, was abgeleitet – und demnach Geist – ist, durch das Originäre, das heißt Biologische ersetzt wird.

Der demokratische Rationalismus lehnte sowohl den Heroismus als auch die Mystik ab. Jede Revolution ist heroisch, wobei darunter die ganze Spannweite des He-

roismus zu verstehen ist, der mit Brutalität beginnt und im Opfer endet. Es ist noch nicht hinlänglich beachtet worden, welcher Abstand zwischen Geist und Heroismus besteht. Die eigentlich heroische Tat ist ein Erhabenes des Instinkts. Je vergeistigter ein Wesen ist, desto weniger ist es zu Heldentum fähig. Existenz des Geistes setzt das Abbrechen der inneren Verbindung zum Leben und die Übertragung des Dramas auf eine rein innere Ebene voraus. Ein geistiges Wesen zu sein bedeutet, dem Leben bereits entsagt zu haben. Wie sollte man ein zweites Mal durch Heroismus entsagen?

Heroismus bedeutet ein Opfer *in der Welt*. Ein sich *willentlich* dem Tode Hingeben (deshalb ist kein Soldat ein Held). Ein Held faßt immer selbst den *Ur-Entschluß* zum Tode. Der Geist ist außerhalb der Welt, jenseits ihrer. Wie könnte er um der Werte willen der Welt entsagen? Der Heroismus ist eine Tragödie in der Immanenz, eine Bezwingung des Lebens in dessen Grenzen. Christus hat keine heroische Eigenschaft; deshalb konnte er zum Gott gemacht werden... Das genaue Gegenteil des Heroismus ist nicht die Feigheit, sondern der Geist. Er ist ein Abenteuer jenseits der Sonne; der Heroismus ein Abenteuer unter der Sonne. Deshalb verstehen ihn die Sterblichen besser...

Die Diktatur ist ante portas. Es täuschen sich jene, die auf Fahnenflucht oder Feigheit hoffen. Wer nicht den Mut hat, die Anspannung des diktatorischen Regimes zu ertragen, und sich nicht berufen fühlt, sie zu

steigern, muß die Zukunft als schwindelerregende Leere betrachten. Niemals hat die Zeit die Stufen unseres Schicksals beschleunigter bezeichnet.

Der Verzicht auf Freiheit

Von jeher haben die Menschen nach Freiheit gestrebt und sich gefreut, sooft sie sie verloren. Mehr noch. Sie haben verzweifelte Anstrengungen unternommen, sie zu verlieren. Anders lassen sich das rasende Bestreben, liberale Herrschaftsformen aufzulösen, und das leidenschaftliche Schwärmen für die Diktatur nicht erklären. Der Freiheitsüberdruß ist eine der schwerstwiegenden und verstörendsten Erregungen, die der Mensch erfahren kann, weil dieser, da ihm die Achse im Innern seines Wesens fehlt, sich durch das, was er nicht ist, zu retten versucht. Sogar in den Schreckensherrschaften ist sich der Mensch seiner selbst sicherer als in den Phantasien der Demokratie. Denkfaulheit und die Angst, sich in der Welt monadisch abzukapseln, lassen ihn mit Freude und behaglicher Ergebung die Imperative und die Befehlsgewalt der Diktatoren hinnehmen. Eine Epoche unumschränkter Freiheiten, »aufrichtiger« und äußerster Demokratie, die sich unbestimmt verlängerte, wäre der unvermeidliche Zusammenbruch der Menschheit. Die Sterblichen haben nur die mit Leidenschaft geliebt, von denen sie geknebelt wurden. Und wen haben sie zum Mythos gemacht? Die Henker ihrer Freiheit.

Ich glaube, es gibt – selbst in Deutschland – wenige Menschen, die für Hitler größere Bewunderung hegen

als ich. Und ich will ihm nichts von seinem monumentalen Nimbus nehmen, wenn ich an die ironische Beobachtung erinnere, die ich machte, sooft ich ihn von der Menge umjubelt sah. Dann schien mir, daß alle diese Sterblichen die Hand zu ihm erhoben, um ein Joch zu erbitten, unter das sie alle passen könnten, und nach einer Strafe lechzten, die nicht auf sich warten lassen dürfte. Ein Diktator hat die Seele eines messianischen Henkers, von Blut und Himmel befleckt.

Die Menge will, daß ihr befohlen werde. Die erhabensten Visionen und Ekstasen, mitgeteilt durch Engelsflöten, können sie nicht so in Bewegung setzen wie ein Militärmarsch. Adam ist Feldwebel gewesen.

Wie konnten wir alle nicht verstehen, daß es kein größeres Unglück für die Menschen gibt, als wenn sie genötigt werden, zwischen Gut und Böse zu wählen? Wenn alle Probleme beseitigt würden, dann könnten sie die Freiheit bis zuletzt hinnehmen, doch solange sie die Qual des Denkens und des Unlösbaren drückt, gehen sie in der unendlichen Sahara der Freiheit unter.

Nach der Diktatur sehnen sich insbesondere zwei gegensätzliche Arten von Menschen. Einerseits der ewige und unverantwortliche Pöbel und andererseits vereinzelte Geister, die sich aus einem Übermaß an Verfeinerung und Problematisierung für keinen Wert mehr entscheiden können und sich dem Strom von Ansichten überlassen, den diktatorische Energie und diktatorischer Imperialismus erzeugen.

Jeder, der das Bauerntum unseres Landes mit seiner einfachen und unentwickelten Psychologie ein wenig kennt, muß mehr denn überzeugt davon sein, daß es nichts anderes erwartet, als von der Freiheit, von allen ihren Fiktionen und Illusionen entgiftet zu werden. Ein wahrer Schrei nach Diktatur und ein unbezwinglicher Haß auf eine sinnlose Freiheit. Für diejenigen Gesellschaftsschichten, die nicht unmittelbar an der Geschichte teilhaben, gibt es keine größere Tragödie als die Demokratie. Im Weltprozeß ist das Bauerntum in ein Werden hineingezogen worden, mit dem es nichts verbindet. Die Demokratie vermochte das Bauerntum nicht zu einer Wirkkraft der Geschichte zu machen, so daß der ewige Pöbel zu einer Verantwortung verpflichtet wurde, zu der er sich nicht wesenhaft berufen fühlt. Die Bauern möchten, daß alles über ihre Köpfe hinweg entschieden werde, und so ist die Diktatur ihr irdisches Paradies. Wenn sie wissen, daß ein Mensch, ein einziger, für sie denkt, leidet und sich einsetzt, unter der Bedingung, daß sie auf die Illusion ihrer Individualität verzichten, wird keiner von ihnen zaudern, diese Illusion zu opfern. Die ahistorische Menge hat nur ein einziges Ideal: den Verlust der Freiheit. Andere sollen Verantwortung übernehmen; sie will nicht urteilen, und aus Angst vor Anarchie begeistert sie sich für die Schrekkensherrschaft. Im übrigen würde sich ohne die Intoleranz der Anführer so eine Gesellschaft in weniger als einem Tag in eine Schar Kannibalen verwandeln und sich

bis zum Tagesende durch Selbstzerfleischung zum Verschwinden bringen.

Von allen Werten, zu denen sich die Menschheit bekannt hat, »verschleißt« sich keiner stärker als die Freiheit. Die Empfindung der Unzuträglichkeit wird dramatisch. Und so ist bei den Intellektuellen unserer Zeit eine sonderbare Unterwerfungswut, eine Notwendigkeit der Verblendung, eine Wollust des Niederkniens entstanden. *Niemand will mehr frei sein.* Darin muß der Ursprung der Leidenschaft für die Rechte oder die Linke gesucht werden.

Die Rhythmik der Weltgeschichte ist nichts als das Schwanken zwischen Freiheit und Terror. Jede Epoche erfährt kraft der schicksalhaften Einseitigkeit des eigenen Prinzips eine innere Verneinung. Die Freiheit hat die Grenze ihrer Möglichkeiten erreicht und erfährt in ihrem Exzeß ihre Verneinung. Wer den Fluch der Freiheit nicht versteht, kann sich in den zeitgenössischen Diktaturen nicht zurechtfinden. Die Rechte und die Linke werden auf den Trümmern der Freiheit errichtet. Auf diesen Trümmern werden auch die Mythen errichtet.

Der Individualismus führt zu Atomisierung. Aber in der Atomisierung kann nichts Wirksames mehr geschaffen werden. Deshalb ist heute die Formel der Typisierung durch Diktatur die einzige Rettung. Und da alle Ideale eine Nichtigkeitsäquivalenz haben, warum sollte der Wille eines einzigen Ideals eine einzige Ordnung

der Geltungen durchsetzen! Bedeutet es denn, daß nur diese *wahr* sind? Nein, sondern nur: *fruchtbar.* Ein Politiker auf der Suche nach der *Wahrheit* ist eine Ungeheuerlichkeit. Vielmehr findet der Politiker stets einige *fruchtbare Fiktionen,* die er mit Naivität oder Schlauheit als Wahrheiten durchsetzt. Glaubt denn jemand ernstlich, der Hitlerismus sei »wahr«? Theoretisch läßt er sich lächerlich machen. Praktisch haben seine Formeln ihre Wirksamkeit und ihren Wert bewiesen. Übrigens sind Historismus und Fiktionalismus korrelativ. Die Wahrheit ist übergeschichtlichen Wesens, und das Werden ist nichts als eine Wiege der Täuschungen.

Je mehr Schwäche jemand für die Ewigkeit hat, desto weniger ist er Politiker. Es gibt aber manche, bei denen ein exzessives Verstehen des Transhistorischen sich mit einem besonderen politischen Instinkt verbindet. Sie sind zeitlebens dazu verurteilt, zwischen Eitelkeiten und Transzendenz zu schwanken, zwischen regelmäßig wiederkehrenden Anfällen von Verklärung und Trivialität. Das Leben ist im übrigen nur für Menschen aus einem Guß, eingefleischte Dummköpfe und Anbeter der ewigen Dummheit gemacht. Einem in himmelblauen Trauerflor eingehüllten Herzen ist das Schauspiel der Welt durch ontologischen Überdruß, eine feinstoffliche Klosterlangeweile oder eine elementare Bordellangeweile entstellt. Alle Klarsichtigkeit ist verbrecherisch. Deshalb: Die Diktatur komme!

Der große Vorteil der Diktatur ist, daß man individu-

ell nichts riskiert; es ist kollektiver Aufstieg oder Absturz. Und es ist überaus aufschlußreich, daß jene Menschen sich zur Diktatur bekennen, die ihr persönliches Schicksal anwidert. Sie wollen kein *Schicksal* mehr haben. Kein Einzelschicksal.

Hitler und Mussolini werden von all jenen Menschen angebetet, die ihr Selbst mit Freuden aufgegeben haben. Wenn man es nicht mehr für bedeutsam hält, die Illusion der Individuation zum Mittelpunkt seiner selbst zu machen, hebt man sich durch den Kult des Mythos geistig auf, und somit ist die Diktatur ein politischer Triumph und eine geistige Niederlage.

Um die Diktatur zu verstehen, muß man Zynismus und Enthusiasmus richtig zusammenzusetzen wissen. Sonst wird das ganze Leben zu einer Reihe von Überraschungsvariationen auf der Tonleiter des Schwachsinns. Machiavelli, die französischen Moralisten und in unseren Tagen Spengler sind die einzige Schule, in der man lernen kann, sich nicht lächerlich zu machen. Wenn sich viele Menschen einem beliebigen Glauben verweigern, tun sie dies aus Furcht vor dem Lächerlichen, diesem Laster der Intelligenz. Die Diktatur löst diese Probleme und Unruhen dadurch auf, daß sie sich nicht mehr dafür interessiert, daß sie die Beschäftigung damit nicht mehr *erlaubt*. Brutalität ist die einzige Lösung für die Desillusionierung der Intelligenz. Die Welt von heute sieht sich vor die Wahl gestellt zwischen Paradoxon und Militärmarsch, zwischen dem Mißbrauch der Intel-

ligenz und einer Vorahnung von Stärke. Und sie hat ihre Wahl getroffen. Nur Rumänien verharrt an der Schwelle der letzten Entscheidung.

Die Formen des Geistes können entweder als kategoriale Geltungen oder als historische Verwirklichungen gedeutet werden, je nachdem, ob uns ideale Bestimmung oder empirische Vielfalt interessiert. Der Formalismus spricht der konkreten Verschiedenartigkeit jede Bedeutung ab; die Geschichte beweist für eine überzeitliche Wesenhaftigkeit nichts. Im Gegensatz dazu geht der Historismus nur von Inhalten aus, das heißt, von der Zeitlichkeit. Wenn Eugenio d'Ors[1] den Barock als eine Kategorie, eine Konstante des Geistes untersucht, scheidet er dadurch einen historischen *Ort,* das eigentümliche und einzigartige Zeitalter des Barock aus. Wölfflin hatte dessen formale Elemente ermittelt, hatte sie aber an einen historischen Raum gebunden und sie in einen genauen zeitlichen Rahmen eingeordnet. Für Eugenio d'Ors ist es nicht mehr aufschlußreich, zu wissen, *wann* der Barock aufkommt, denn es ist möglich, ihn in fast allen historischen Zeitaltern auszumachen. Sollten wir an ähnliche Verfahren bei Spengler, Worringer oder Scheffler erinnern?

Universalismus und Internationalismus können entweder in ihrem formalen Sinn oder vermittels der histo-

1 Eugenio d'Ors, *Lo barroco,* Madrid: Aguilar, um 1935.

rischen Umstände, in denen sie erschienen sind, gedeutet werden. Für einen philosophischen Geist beweisen die vielgestaltigen Verwirklichungen im Werden nichts, aber für einen politischen sind sie alles, so daß Transzendenz oder Immanenz der Sichtweise für das Verständnis des Problems entscheidend sind.

Die heutigen Deutschen berufen sich in ihrem Wunsch zu beweisen, daß zwischen Nationalem und Universalem keine Unvereinbarkeit besteht, hartnäckig auf den Fall Dostojewskis, des nationalsten und universalsten Geistes in Rußland. Die Dinge sind indessen nicht so einfach. Überlegen wir einmal, auf welche Weise subjektive Phänomene über den engen Kreis einer belanglosen Innerlichkeit hinausgehen. Inwiefern kann die Tatsache, daß ich traurig oder fröhlich bin, etwas in bezug auf all das, was nicht individueller Schein ist, beweisen? Ebbe und Flut der Subjektivität führen zu nichts, wenn sie nicht in Werten verankert sind, die über sie hinausgehen.

Melancholie ohne einen kosmischen Sinn ist Kaprice und Verzweiflung ohne heroische Auswirkungen Geisteskrankheit. Nur insoweit unsere Seelenzustände Brücken zu anderen Welten schlagen, nur insoweit sie ihr psychologisches Bedingtsein transzendieren, werden sie universal. Universalität aber ist der Subjektivität nur durch das Aufwühlen ihrer eigenen Tiefen zugänglich. Eine subjektive Welt, die ihre Grenzen hegt und pflegt, gehört, sooft sie ihre eigenen Grenzen sprengt, zur *Welt*.

Dostojewski ist nicht universal, weil er die Russen so beschrieb, wie sie sind, sondern weil er die russische Seele unter Grenzbedingungen darstellte, dort, wo das Spezifische den Charakter menschlicher Typologie hat. Der Universalismus beginnt dort, wo die »Psychologie« endet. Raskolnikow oder Iwan Karamasow sind nur in Rußland denkbar; aber für sie ist Rußland die Welt. Die Dostojewskische Idee der Erlösung durch das russische Volk ist nichts anderes als die Vorstellung, daß ein aufs höchste gesteigertes Rußland mit den letzten Höhen des Menschen identisch ist. Die Voraussetzung jedes Messianismus: die Menschheit hat einen Inhalt nur in der überströmenden Inbrunst einer nationalen Idee, die den Gang der Geschichte sinnbildhaft verkörpert. Wie die Seelenzustände nur als Sinnbilder, nicht in sich selbst, Wert haben, ebenso auch die nationalen Ideen. Alle Nationalismen, die nicht messianisch eingefärbt sind, lassen dies außer acht. Die Idee, für die ein Volk streitet, ist dann nur eine unverklärte Projektion eines biologischen Grundes. Der tellurische Nationalismus geht kaum über die Ränder des Ethnischen hinaus. Die von den Apologeten der universalen Kultur ihm gegenüber vorgebrachten Bezichtigungen sind mehr als berechtigt.

Nietzsches Haltung zu Deutschland, seine mit einem uneingestandenen Hochmut gemischte Verachtung, stellt bei einem die Universalität liebenden Geist, der aber einer Nation mit protestierendem Schicksal ange-

hört, eine erklärliche Ambivalenz dar. Was den tellurischen Nationalismus vom messianischen unterscheidet, ist, daß ersterer die beharrliche Weigerung bedeutet, an Werten außerhalb der im biologischen Substrat enthaltenen teilzuhaben, weshalb er gegen alles, was nicht er selbst ist, aufbegehrt, aber auch nicht versucht, der Welt den eigenen Lebensstil aufzunötigen, während letzterer offen ist und sein Horizont sich bis zu den Grenzen der Menschheit erstreckt. Rußland war immer universalistisch, im Panslawismus ebenso wie im Bolschewismus. Das Schicksal Deutschlands ist mit dem der Menschheit nie zusammengetroffen. Nicht die Größe hat ihm gefehlt, sondern der ansteckende Elan. Eine senkrechte Monumentalität, zu der man erstarrt aufblickt, in einer kalten Faszination.

In der Geschichte zählen nur die universalen Werte. Sie haben weite Verbreitung in Zeit und Raum, sind aber an eine seelische Innerlichkeit gebunden. Darin unterscheiden sie sich von den internationalen. Die Welt, in der Faust lebt, hat in jedem beliebigen Weltwinkel Geltung, sie macht aber nur insofern einen universalen Wert aus, als wir tief innerlich daran festhalten. Wenn sie uns äußerlich wäre und ihre Verbreitung den Charakter eines zugänglichen Gemeingutes hätte, wäre sie ein internationaler Wert. Die Verkümmerung universaler Werte führt zu internationalen Werten. Der Geist nimmt etwas vom Äquivalenz-, Serien- und Plattheitscharakter der Ware an. Die Internationalisierung

verwandelt alles in funktionale Beziehungen. Daher unsere Möglichkeit, uns über internationale Werte zu freuen, ohne organisch an ihnen festzuhalten. Das Ausarten des Geistes in Äußerlichkeit macht den Internationalismus zum quantitativen Universalismus. Das Laster Amerikas, seine strukturelle Unfähigkeit, der Welt ein geistiges Gepräge aufzudrücken, geht auf die Abwesenheit der Elemente zurück, die die Grundlage einer universalistischen Kultur ausmachen. Amerika *produziert,* es schafft nicht. Dies ist der Unterschied zwischen Internationalismus und Universalismus. Amerika setzte *Güter* in Umlauf eher als Werte. Sie laufen weltweit um, und wir alle nehmen sie mit Verachtung an. Eine Schöpfung ist symbolisch und offenbarend für denjenigen, der sie ans Licht bringt; der Schöpfer ist eine empfindsame Gegenwart, die wir hinter dem Werk erahnen und erfühlen. Amerika bleibt nackt und anonym hinter der Leere seiner »Schöpfung«. Es stellt eine offenkundige Veranschaulichung der internationalen Werte, des Mangels an geistiger Intensität dar, ohne die der Universalismus nicht möglich ist.

Es gibt in der Entwicklung jeder Kultur allerdings eine universalistische Stufe, so wie es eine internationale gibt. Denken wir nur daran, was der Elan des Geistes in den Zeitaltern geschichtlichen Keimens und in den klassischen Zeiten der Entspannung bedeutet. Eine Expansion ohne Grenzen, die alles zu verschlingen droht. Aber nicht in einem erzwungenen Rhythmus, sondern

durch den unendlichen Durst des Geistes. Alle schöpferischen Epochen sind universal. Der Eklektizismus, der die Schöpfung durch Synthese ersetzt, erscheint als Phänomen des Niedergangs. In den Dämmerungsschatten der Kultur breitet sich der Internationalismus aus, ein Stadium historischer Agonie, geistiger Sterilität. An jedem Raumpunkt hat ein beliebiger Wert dasselbe Gewicht und dieselbe Bedeutung wie an jedem anderen. Es wird nicht mehr verlangt, daß du festhältst, weil alles, da es ja von außen kommt, äußerlich bleiben muß. In solchen Zeiten tritt der »Marxismus« auf, denn Marx' Lehre hat in jeder Endphase einer Kultur Entsprechungen.

Wenn der Geist seinen Umriß verliert und nicht mehr das dynamische Geheimnis der Kultur ist, wird er international. Und dann kommt es zur äußeren Weite alexandrinischer Epochen, die auf extensiver Bemächtigung beruhen. Auf den Messianismus folgt der Imperialismus. Die keimhaften Kulturen, die sich in einem naiven Werden entfalten, werden von einer Unermeßlichkeit aufgehoben, die nichts als eine Wüste des Geistes ist, denn Wissenschaft, Kunst, Religion vermengen sich in dem Exzeß einer künstlichen Synthese. Die alexandrinischen Epochen sind wegen ihrer verwickelten, verworrenen Physiognomie interessant, wegen ihres bis zum Chaos buntscheckigen Stils, wegen des widersprüchlichen und verschlungenen Lebensgefühls, in dem man alles aus rundum- und zurückblickender Schau heraus weiß.

Internationalismus bedeutet Liederlichkeit des Geistes und Bankrott der Kultur. Es ist für uns schwer, wenn nicht unmöglich, uns eines romantischen Kulturbegriffs zu entledigen. Ein uns teures Vorurteil, auf das wir nicht leicht verzichten. »Der Traum des absoluten Geistes«, von dem Hegel sprach, ist Erbteil und die »formale Prägeform« unserer Sehnsüchte. Eine Welt allgemeinen und äußeren Umlaufs, die Schalheit der internationalisierten Landschaft sind nur dazu angetan, unsere Instinkte zu langweilen.

Die Kluft zwischen Nationalismus und Internationalismus beruht auf einer grundlegenden anthropologischen Antinomie. Die vitalen Antriebe: Hochmut, Militarismus, Herrschsucht, das Verlangen, den Kosmos einer Raserei der Immanenz einzuverleiben, machen den Nationalismus zu einem Ausdruck und einer Ableitung der irrationalen Energie des Menschen. Andererseits münden der Pazifismus, der Wunsch nach gleichgültiger Verständigung, nach abstraktem Einssein, die Großsprecherei und die leeren Formen, das Grauen vor dem Uranfänglichen in den Internationalismus. Der Universalismus stellt eine Zwischenform dar und ist eine Ableitung des Ursprünglichen, eine Verfeinerung des Instinkts und schließlich eine Vergeistigung des Chthonischen. Es ist die Biologie, die sich mit diesem Zugeständnis an den Geist selbst betrügt. Da die Selbstverblendung nicht in allen Epochen gleich ist, bietet uns die Geschichte ein ganzes System des Hin und Her, das

die Schwankungen des Universalismus kennzeichnet. Universalismus ist nicht weniger eine Konstante des Geistes, auch wenn man im Nationalismus vorgreifend und im Internationalismus verkümmert lebt.

Es ist nicht nur leicht, sondern auch angenehm, aus Instinkt Nationalist zu sein, das heißt alle Probleme aus einem Imperativ des Blutes heraus zu lösen. Man geht automatisch in das nationale Werden ein und ist nur noch *Objekt* der Geschichte. Wenn die Linken oder diejenigen mit philosophischem Geist dem Nationalismus seinen Mangel an Problematisierung, an theoretischer Qual vorwerfen, so beziehen sie sich nur auf die primären Formen des Nationalismus, für die der Abstand zwischen Biologie und Politik illusorisch ist. Ein Nationalismus *von unten.* Denn du bist nicht *mit* dem Land, sondern bist das *Land.*

Alles, was vom Instinkt ausgeht, triumphiert. Aber der Triumph ist weder interessant noch bedeutsam, denn nicht du trägst Schuld am Erfolg, sondern das anonyme Pulsen der Lebenskraft. Das Leben verdeckt deinen Namen. Deshalb sind alle vom Irrationalen ausgehenden und im Irrationalen errungenen Siege für den dumpfen Aufruhr des Schicksals aufschlußreich, nicht für den Einzelnen.

Für problematischen Geist haben indessen die zum Nationalismus *Bekehrten* gesorgt. Menschen, die sich in gewisser Weise ein Vaterland *schufen,* zeugten es sich willentlich im Blut, gegen ihre instinktiven Neigungen,

die sie mehr hin zur Einsamkeit als zur Gemeinschaft trieben. Sich zum Nationalismus zu bekehren – nachdem man Anarchist, Kommunist oder gleichgültig gewesen ist –, heißt zu den Urbestandteilen des eigenen Wesens zurückzukehren, zu einem Unmittelbaren des Blutes – um den Preis schwerer Selbstprüfungen des Geistes. Im übrigen beweist der Umstand, daß ein Intellektueller Nationalist sein kann, das heißt, daß er gefühlsmäßig an einem Raum und an einer Gemeinschaft festhalten kann, wieviel *Natur* im Geist ist. Die Schwäche für eine nationale Gestimmtheit ist ein Sieg der *Seele* auf Kosten der Klarsicht, die geistigen Wesens ist. Ein Mensch, der sein individuelles Schicksal nicht von der Nation getrennt halten könnte, wäre ein von der Natur Gesegneter. Und glückliche Objekte dieser Art gibt es zur Genüge. Sie werden den Nationalismus *von oben*, das Festhalten am Volk als Heimkehr, als eine Wiederkunft auf dem Umweg über den Geist nie verstehen. Nachdem man sich der Überflüssigkeit des Kosmos bewußt wurde, sich für die Belange einer armseligen geographischen und historischen Gegebenheit begeistern!

Seltsam, daß Eminescu[1] für die Ironie seiner theoreti-

1 Mihail Eminescu (1850-1889), der rumänische Nationaldichter, romantischer, pessimistischer Dichter und konservativer Journalist, Theoretiker des Nationalismus. Bezeichnend ist, daß die »Ironie der theoretischen Position«, von der Cioran im Zusammenhang mit Eminescu spricht, der eigenen sehr nahekommt: einerseits lyrischer Nihilismus, andererseits schärfster, exaltierter Nationalismus. Zu Eminescu schrieb Cioran in *Schimbarea la faţă a României*, Bukarest, Dezember 1936, S. 73: »Außer Eminescu ist in der rumänischen Kultur alles fragwürdig.«

schen Position nicht empfindlich gewesen ist: unerbittlicher Pessimismus und reaktionärer Nationalismus. Ich verstehe, daß ein Mensch an nichts glaubt und Nationalist ist; doch sollte er sich dieser Paradoxie *bewußt* sein und sich ihr mit der zweideutigen Wollust der Selbstironie hingeben.

Ein nationales Bewußtsein – und zwar eines, das nichts weiter ist – weiß nichts von dem »Aberglauben« eines universalen Bewußtseins. Doch grenzen wir das Problem ein. Beziehen wir uns nur auf ein europäisches Bewußtsein. Geschichtlich quält es uns, und unsere innere und geheime Antinomie wird, ob man will oder nicht, von dem Irreduziblen der europäischen und in engstem Sinne nationalen Kategorien hervorgebracht. Wir würden uns unzulässigen Illusionen hingeben, wenn wir glaubten, daß es viele für diesen Konflikt empfindliche Sterbliche gibt. Wir unterscheiden bei den Nationalisten instinktive und klarsichtige eben gerade, um einen Teil – und zwar den größten – der Erörterung dieses Konflikts auszublenden.

Ich weiß nicht mehr, in welchem Band von *Mes Cahiers* Barrès schrieb: »In letzter Zeit beobachte ich bei mir einen Übergang vom Nationalismus zum Katholizismus. Denn dem Nationalismus fehlt das Unendliche.«[1]

1 Maurice Barrès, *Mes cahiers*, t. VIII (Novembre 1909–Février 1911), Paris: La Palatine à la Librairie Plon, 1934, [Februar 1910], cahier XXV, S. 80: »Je sens depuis des mois que je glisse du nationalisme au catholicisme. C'est que le nationalisme manque d'infini.« (Ich spüre seit Mo-

Denjenigen, der, und sei es in noch so geringem Maße, den Aberglauben des Universalen kennt, kann die enttäuschungsvolle Feststellung von Barrès nicht kaltlassen. Auch schrieb er einmal, daß ihm, hätte er nicht im Alter von sechsundzwanzig Jahren begonnen, Politik zu machen, der Wahnsinn gedroht hätte. Man weiß, was die Politik für Barrès bedeutete: ein Mittel, sich in die Nation einzugliedern. Der Nationalismus bietet etwas Positives, befriedigt aber nicht den Geschmack für das Absolute. Welchen Sinn hat dann der Versuch mancher, sich durch ihn zu »retten«?

Wenn man lange Reihen geistiger Erfahrungen durchlaufen hat und bei keinem Wert stehengeblieben ist, wenn man nicht sich an die Stelle eines Sinnes und einer Lehre gesetzt hat, schafft die Vagheit des Geistes – als Reaktion – das Bedürfnis nach dem Unmittelbaren und Ursprünglichen. Der Nationalismus – diese politische Stufe des Historismus – ist eine Überwindung, eine brutale Niederlage der inneren Offenheit. Barrès machte Frankreich zu seinem *geschnitzten Bild,* um das Umherschweifen des Geistes zu bezwingen. Die Absolutsetzung eines einzigen Volkes ist Wille zur Selbstbegrenzung. Das Bedürfnis nach Sicherheit hat stets zur Verachtung des Universalen geführt...

Ein Mensch, der sich an allen Werten Europas ergötzt hat, muß sie in der Leidenschaft der Selbstbe-

naten, daß ich von Nationalismus zum Katholizismus hinübergleite. Denn dem Nationalismus fehlt das Unendliche.)

schränkung, die der Nationalismus ist, ersticken und begraben. In Barrès' Blut muß Europa verfault sein. Er stellte auf politischer Ebene jenes Pascalsche »werdet dumm«[1] her. Sooft du beschließt, auf das Universale zu verzichten, weint gleichsam Europa in deinen Urgründen... So läßt sich erklären, warum Barrès den Katholizismus als Korrektiv des Nationalismus betrachtete. Es gibt Menschen, die aus Angst vor dem Unendlichen zu Nationalisten werden, und andere lehnen den Nationalismus aus Aberglauben ans Unendliche ab. Einige verspüren das Bedürfnis nach Festlegung, andere nach Frei-

1 Anstoß erregender Ausdruck Pascals, der in der Ausgabe von Port-Royal nicht gedruckt wurde und zahlreiche Deutungsversuche und sogar eine Konjektur anregte. Pascal, *Pensées,* Fr. 233, Nouvelle édition publiée par L. Brunschvicg, *Œuvres* XIII, Paris: Hachette, 1904, S. 154; *Pensées,* texte intégral établi et présenté par Zacharie Tourneur et Didier Anzieu, Paris: Armand Colin, 1960, Fr. 418, S. 258: »suivez la manière par où ils ont commencé: c'est en faisant tout comme s'ils croyaient, en prenant de l'eau bénite, en faisant dire des messes, etc. ... Naturellement [par là] même cela vous fera croire et vous abêtira. – Mais c'est ce que je crains! – Et pourquoi? qu'avez-vous à perdre?« »folgen Sie der Art und Weise, wie jene begonnen haben: indem sie alles taten, als ob sie gläubig wären, Weihwasser nahmen und Messen lesen ließen usw. Auf natürliche Weise wird Sie gerade das glauben machen und verdummen. – Das aber fürchte ich gerade. – Und warum? Was haben Sie zu verlieren?« Vgl. Étienne Gilson, »Le sens du terme ›abêtir‹ chez Blaise Pascal«, *Les idées et les lettres,* Paris: J. Vrin, 1932, S. 263-274. B.-J. Gaillard, »Une nouvelle leçon d'un mot célèbre de Pascal«, *Annales de l'Université de Grenoble* (Nouvelle série), Section Lettres-Droit, t. XXI, Année 1945, Grenoble: Allier, 1946, S. 13-19, schlägt (statt *abêtira* bzw. *abestira*) die Lesart *alestira* vor, von dem Verb *alestir* oder *alester* »erleichtern«. – Vgl. Cioran, *La tentation d'exister,* Paris: Gallimard, 1956, Rages et résignations, S. 191: »l'*abêtissez-vous* pascalien«.

heit. Im Grunde beschränkt sich die Ungewißheit auf den Pendelschlag zwischen der Geschichte und dem Absoluten.

Solange Europa eine geistige Einheit bildete und die Universalität kein bloßes Streben war, lebten die Nationen nur in einer Vorahnung des Bewußtseins. Der romantische Historismus, die Napoleonischen Kriege, der moderne Irrationalismus trugen auf verschiedene Weise zur erbitterten Individualisierung der Nationen bei. Sie sind sich ihrer selbst bewußt geworden, und zwar in der Entgegensetzung zum traditionellen Sinn der europäischen Kultur. Indem jedes Volk zu seiner besonderen Tradition zurückkehrte – die es zum einzigen Wert erhob –, zerbrach die abstrakte, auf den Trümmern der Partikularismen errichtete Einheit Europas. In dem Augenblick, in dem Katholizismus, Rationalismus, Szientismus und Individualismus nicht mehr grundlegende Kategorien der Kultur ausdrücken, ist das europäische Moment erledigt. Die Menschen haben ihr tiefinneres Festhalten an der Eigenart europäischer Werte verloren. Die Nationen treten als aggressive Einheiten auf, die zynisch die Fragen der Vorherrschaft und der Zerstörung stellen. Es gibt nicht mehr eine Reihe von Werten, unabhängig vom geschichtlichen Leben jeder einzelnen Nation. Der Gang der Geschichte wird von unten bestimmt; die abstrakte Reihe regulativer Kriterien außerhalb gibt es nicht mehr. Man darf das Tragische allerdings nicht übertreiben. Die verschiedenen Epochen

sind etwa gleich ungewiß, bestialisch und unglücklich. Immer hat es Konflikte zwischen Nationen gegeben, an Neuem bringen wir lediglich den *Bewußtseinsgrad* ein, den klarsichtigen Relativismus, durch den wir uns die Entscheidungen und die Gesten erklären. Niemals haben sich Völker untereinander verstanden. Doch warum finden wir heute *Gefallen* daran, uns nicht zu verstehen? Zynismus ist ein Unterscheidungsmerkmal unserer Kultur.

Der europäische Pluralismus ist die entscheidende Determinante von Europas Niedergang. Die Verfeindungen des Kontinents sind so tiefgreifend geworden, daß eine Verwirklichung außerhalb der Nation nicht mehr möglich ist. Wer keinen Sinn für diese Relativität hat, kann heute nur scheitern. Was tun wir alle denn anderes, als bei jedem unserer Schritte die Nation zu »entdecken«? Und in dem Maße, in dem es uns gelingt, uns zu beschränken, halten wir mit ihr Schritt...

Gibt es, da doch die geistige Einheit Europas zerbrochen ist, in der Bekehrung zum Nationalismus noch Dramatik? Welchen Sinn hat heutzutage ein europäisches Bewußtsein, worauf ist es zurückzuführen? Auf alles das, was wir über jede einzelne Nation wissen, auf die künstliche Synthese einiger auseinanderstrebender Kulturen. Wenn ein nationales Bewußtsein die Projektion des Ethnischen ins Unbedingte ist, so bedeutet ein europäisches Bewußtsein im gegenwärtigen Augenblick nichts anderes als ein Bewußtsein auf alexandrinischer

Kulturstufe. Spengler war der letzte, der Europa den Gnadenstoß versetzte, dem er für die Zukunft nur eine Solidarität im Niedergang, eine Einheit im Absturz zugestand. Nietzsches Situation ist viel paradoxer. Seinem Streben nach einem geläuterten Europäertum, nach einer vor dem Verfall geretteten Kultur, nach den aus vitaler Ekstase geborenen Werten gelang es lediglich, eine Wiedereinsetzung der Biologie, eine Rehabilitierung der Urquellen des Lebens, einen hellenischen Naturkult zustande zu bringen, nicht jedoch einen Stil universaler Kultur. Es ist mehr denn aufschlußreich, daß alle europäischen Nationalismen sich auf Nietzsche berufen. Die Erklärung ist sehr einfach: *Universale Kultur wird nicht auf Grund der Idee von Kraft geschaffen.* Denn Kraft läßt sich nur partikularistisch ausüben; sie ist die Quelle des Pluralismus.

Universalistische Kulturen werden auf der Idee der Humanität aufgebaut; der Vitalismus mit seinem impliziten Kult der Kraft isoliert die Nationen monadisch. Was für eine Monadologie man auf Grund der Vision Nietzsches entwerfen könnte!

Eine Vereinbarkeit von Kraft und Universalismus ist nur im imperialistischen Phänomen möglich. Jedoch verwirklicht der Imperialismus eine verkümmerte, äußerliche Universalität, und zwar durch die Demütigung des Menschen. Deshalb zeichnet sich der Imperialismus in der Entwicklung der Kulturen als ein monumentaler Schatten ab.

Das europäische Bewußtsein in seinem gegenwärtigen Sinn war mithin eine disparate Menge von Kenntnissen über die Unzurückführbarkeit der Nationen, die ein buntscheckiges Bild des Kontinents ergeben. Was bindet uns noch an dieses Bewußtsein, wenn es keine tiefere Konvergenz oder tiefere Einheit aufweist? Die Furcht davor, daß wir mit ihm, wenn es sich auf die Nation beschränkt, zu der wir gehören, ein Schicksal der Mittelmäßigkeit erleiden. Für uns Rumänen wenigstens entspringt der Aberglaube an Europa einem Minderwertigkeitskomplex. Sich bewußt werden, daß man sich nur durch die Nation verwirklichen kann, und nicht die Gewißheit haben, daß die eigene Nation sich verwirklichen wird! Darin liegt der Schlüssel der rumänischen Ungewißheiten. Und das ist die Tragödie des klarsichtigen Einzelnen in den kleinen Kulturen. Wer Teil einer Kultur ist, die sich majestätisch erfüllt, kann sich den Luxus leisten, die anderen nicht zu verstehen. Unheilvolles verkündet Rumänen die Tatsache, daß sie andere Kulturformen mit Leichtigkeit und unproblematisch verstehen. Dies setzt einen Mangel an scharfumrissenem Charakter voraus, das Fehlen einer inneren Richtung. Die Russen haben das Abendland niemals verstanden. Der Grund ist einfach: sie waren immer allzusehr von sich selbst eingenommen. Und das sagt über den Werdegang eines Volkes viel aus. Liest man die Betrachtungen Turgenjews, des abendländischsten russischen Schriftstellers, über den

Faust[1], wundert man sich über so viel Unverständnis. In Faust nicht mehr als einen Selbstsüchtigen zu entdecken und nicht das Sinnbild der modernen, vom Drama des Bewußtseins zerquälten Seele in ihm zu ahnen!

Im übrigen gab es für die Russen nie wirklich die Leidenschaft der Erkenntnis, sondern nur die der Erlösung. Für einen Russen hat die Logik, da sie das Problem des Leidens nicht löst, keinerlei Sinn. Im Gehirn eines Slawen vermischt sich der Syllogismus mit der Kreuzigung. Verwirrung wird als Anlaß zu Schmerz, zu Geißelung genutzt, nicht aber zu logischer Verunsicherung.

Das nationale »Absolute« ist ein Opium, dessen einige von uns sich bedienen, um die eigene Klarsichtigkeit zu beerdigen, andere, um ihre Instinkte geltend zu machen. In anderen Zeitaltern gab es andere »Lösungen«. Jetzt haben wir keine bessere zur Hand als die Nation.

1 Iwan Turgenjew, »Goethes ›Faust‹«, *Sämtliche Werke,* hg. von Otto Buek und Kurt Wildhagen, X. Bd., Berlin: Propyläen, 1925, S. 421 ff. »Faust« [1844], *Otečestvennyje sapiski,* Februar 1845, Iwan Turgenjew, *Literaturkritische und publizistische Schriften.* Aus dem Russischen übers. von Walter Schade, Berlin, Weimar: Aufbau, 1979, S. 240-280. S. 248: »›Faust‹ ist ein rein menschliches, richtiger gesagt, ein rein egoistisches Werk. [...] Faust ist vom Anfang bis zum Ende der Tragödie nur auf sich bedacht.« S. 254: »Wir hatten also gesagt, Faust ist ein Egoist, ein theoretischer, ehrgeiziger, gelehrter, schwärmerischer Egoist.« S. 280: »Die Deutschen sollten sich endlich von einer zu ausschließlichen Verehrung des ›Faust‹ lösen [...], weil man sich nicht zu lange an seiner Vergangenheit ergötzen darf, so wunderbar sie auch gewesen sein mag [...].«

Quellen

»Oskar Kokoschka«, *Gândirea,* Jg. XI, Nr. 7-9 [verdruckt: 9-11], September–November 1931, S. 333-334 (Cronica măruntă). Auch in: *Revelațiile* und *Singurătate.*

»Erwin Reisner și concepția religioasă a istoriei«, *Gândirea,* Jg. XI, Nr. 10 [verdruckt: 12], Dezember 1931, S. 503-505 (Idei, oameni & fapte). Auch in: *Singurătate.*

»›Melancolia‹ lui Dürer«, *Calendarul,* Jg. I, Nr. 90, 8. Juli 1932, S. 1. Auch in: *Singurătate.*

»Viziunea morții în arta nordică«, *Calendarul,* Jg. I, Nr. 116, 3. August 1932, S. I, II. Auch in: *Singurătate.*

»Karl Jaspers, *Psychologie der Weltanschauungen* (Vierte Auflage, Berlin: Julius Springer, 1928, 486 S.)«, *Arhiva pentru știința și reforma socială,* Jg. X, Nr. 1-4, 1932, S. 695-697 (Recenzii). Auch in: *Singurătate.*

»Noi și Hegel«, *Arhiva pentru știința și reforma socială,* Jg. X, Nr. 1-4, 1932, S. 870-873 (Cronica). Auch in: *Singurătate.*

»Încotro merg tinerii?«, *Calendarul,* Jg. I, Nr. 223, 18. November 1932, S. I. Auch in: *Singurătate.*

»Ferdinand Bruckner«, *Gândirea,* Jg. XII, Nr. 10, Dezember 1932, S. 384 (Cronica măruntă). Auch in: *Revelațiile.*

»Apologia Germaniei«, *Calendarul,* Jg. III, Nr. 386, 5. Juni 1933, S. I, II.

»Scrisoare germană« (Berlin, Noembrie 1933), *Calendarul,* Jg. II, Nr. 524, 14. November 1933, S. I.

»Aspecte germane« (Berlin, Noembrie 1933), *Vremea,* Jg. VI, Nr. 314, 19. November 1933, S. 9. Französische Übersetzung in *L'Herne.*

»Prin Universitatea din Berlin« (Berlin, Noembrie 1933), *Vremea,* Jg. VI, Nr. 316, 3. Dezember 1933, S. 9. Französische Übersetzung in *L'Herne.*

»Aspecte berlineze« (Berlin, Nov. 1933), *Calendarul,* Jg. II, Nr. 530, 5. Dezember 1933, S. I, II.

»Germania şi Franţa sau iluzia păcii« (Berlin, Dec. 1933), *Vremea,* Jg. VI, Nr. 318, 18. Dezember 1933, S. 7, 13 (Sonderausgabe, Weihnachten). Französische Übersetzung in *L'Herne.*

»Scrisori din Germania. Problematica etică în Germania« (Berlin, Ian. 1934), *Vremea,* Jg. VII, Nr. 324, 4. Februar 1934, S. 2. Französische Übersetzung in *L'Herne.*

»Melancolii bavareze« (München, Mai 1934), *Vremea,* Jg. VII, Nr. 341, 10. Juni 1934, S. 2. Auch in: *Revelaţiile* und *Singurătate.*

»Impresii din München. Hitler în conştiinţa germană« (München, 4 Iulie 1934), *Vremea,* Jg. VII, Nr. 346, 15. Juli 1934, S. 3. Auch in: *Ideea,* S. 221-222; französische Übersetzung in *L'Herne.*

»Scrisori din Germania. Revolta sătuilor...« (München, 15 Iulie), *Vremea,* Jg. VII, Nr. 349, 5. August 1934, S. 2. Französische Übersetzung in *L'Herne.*

»Spre o altă morală sexuală«, *Vremea,* Jg. VII, Nr. 363, 11. November 1934, S. 3. Auch in: *Revelaţiile.*

»Creştinismul şi scandalul care l-a adus în lume«, *Vremea,* Jg. VIII, Nr. 418, Weihnachten [25. Dezember] 1935, S. 5. Auch in: *Revelaţiile* und *Singurătate.*

»Jertfa masselor«, *Vremea,* Jg. IX, Nr. 432, Ostern [5. April] 1936, S. 4.

»In preajma dictaturii«, *Vremea,* Jg. X, Nr. 476, 21. Februar 1937, S. 3 a–d. Auch in: *Ideea,* S. 243-247.

»Renunţarea la libertate«, *Vremea,* Jg. X, Nr. 480, 21. März 1937. Auch in: *Ideea,* S. 248-250; französische Übersetzung in *L'Herne.*

»Internaţionalismul şi universalismul«, *Vremea,* Jg. X, Nr. 486, Ostern [16. Mai] 1937, S. 3. Auch in: *Revelaţiile;* französische Übersetzung in *L'Herne.*

»Între conştiinţa europeană şi cea naţională«, *Vremea,* Jg. X, Nr. 518, 25. Dezember 1937, S. 4. Auch in: *Revelaţiile;* französische Übersetzung in *L'Herne.*

Sammelbände mit Aufsätzen Ciorans

Revelaţiile Emil Cioran, *Revelaţiile durerii. Eseuri* [Die Offenbarungen des Schmerzes. Essays]. Ediţie îngijită de Mariana Vartic şi Aurel Sasu. Prefaţă de Dan C. Mihăilescu, Cluj: Echinox, 1990, 202 S.

Singurătate Emil Cioran, *Singurătate şi destin. Publicistică 1931-1944* [Einsamkeit und Schicksal. Publizistik 1931-1944]. Cuvînt înainte al autorului [Vorwort des Verfassers]. Ediţie îngrijită de Marin Diaconu, Bucureşti: Humanitas, 1991, 351 S.

Ideea *Ideea care ucide. Dimensiunile ideologiei legionare* [Die Idee, die tötet. Die Dimensionen der legionären Ideologie]. Culegere de studii elaborate de: Alexandru Florian, Radu Florian, Victor Neumann, Dionisie Petcu, Constantin Petculescu, Gh. Lencan Stoica. Antologie de texte realizată de: Constantin Petculescu, Alexandru Florian. Bucureşti: Editura Noua Alternativă, 1994, 384 S. (Institutul de teorie socială al Academiei Române).

L'Herne *L'Herne. Cioran.* Ce cahier a été dirigé par Laurence Tacou et Vincent Piednoir, Paris: Éditions de l'Herne, 2009.

Nachbemerkung

Die vorliegende Auswahl aus Ciorans publizistischem, in rumänischer Sprache verfaßtem Jugendwerk enthält 25 Aufsätze, die im wesentlichen seine Beschäftigung mit verschiedenen Aspekten deutscher Philosophie und Kultur sowie seine Erfahrungen während seines Aufenthalts als Stipendiat in Hitlers Deutschland (November 1933 bis Juli 1935) spiegeln. Sein publizistisches Werk in rumänischer Sprache umfaßt weit über 140 Aufsätze bis 1949, seit 1941 in Paris geschrieben (es gibt vielleicht weitere, die bisher noch nicht ausfindig gemacht werden konnten). So könnte sich die Gesamtzahl der rumänischen Aufsätze Ciorans auf rund 200 belaufen, die Abhandlung über Bergson, mit der er sein Philosophiestudium abgeschlossen hatte, abgerechnet. Die Auswahl soll ein Gegenstück zu seiner jüngst entdeckten Schrift *Über Frankreich* (1941) bilden. Zudem wurden einige Aufsätze aufgenommen, die Einblicke in sein damaliges Denken, seine politischen Einstellungen und religiösen Obsessionen gewähren, die wesentlich von deutscher Philosophie und Theologie angeregt und geprägt sind. Stellvertretend für alle noch nicht neu veröffentlichten, noch nicht übersetzten Aufsätze bringen sie Denkmuster, Denkhaltung und geistesgeschichtlichen Hintergrund des jungen Cioran zum Ausdruck. Viele der hier

zum ersten Mal übertragenen Aufsätze sind seitdem in rumänischer Sprache nicht wieder veröffentlicht worden, einige sind nur auszugsweise in verschiedenen Untersuchungen oder Anthologien zugänglich. Eine angemessene Gesamtdeutung ist schon aus diesem Grund noch nicht möglich; sie wird erst dann zu leisten sein, wenn das ganze Material in wissenschaftlich edierten und kommentierten Ausgaben vorgelegt und die Akte Cioran, jedenfalls in den wesentlichen Fragen, vervollständigt sein wird. Viele Seiten dieser Akte fehlen noch, einige Aspekte sind noch unklar oder schwer faßbar, eine wissenschaftliche Bibliographie aller im fraglichen Zeitraum (1931 bis 1949) erschienenen Schriften fehlt bis heute.

Ciorans Denken und Schreiben in den dreißiger Jahren wirkt auf den ersten Blick vielfältig und zuweilen verwirrend und ist deshalb in einem größeren Zusammenhang zu betrachten, wobei sein philosophisch-literarisches und das politisch-publizistische Werk eng miteinander verwoben sind. In politischer Hinsicht ist vor allem sein einziges monographisches Werk zu nennen: *Schimbarea la față a României* (Die Verklärung Rumäniens, Dezember 1936), das sicherlich im Mittelpunkt der Betrachtung seiner damaligen politischen Ideen stehen sollte, obgleich es keineswegs alle Facetten seines Denkens zur Sprache bringt. Eine systematische Untersuchung des politischen Cioran müßte von diesem, noch nicht ins

Deutsche übersetzten Werk ausgehen.[1] Nun hat bereits die rumänische Literaturhistorikerin Marta Petreu gerade dieses Buch einer eingehenden Analyse unterzogen und die Gründe für Ciorans damalige politische, in rhetorische Raserei mündende rechtsextremistische Haltung ausführlich dargelegt.[2]

Betrachtet man Ciorans rumänisches Jugendwerk, so fallen von Anfang an die Schärfe seiner Sprache sowie die äußerste Radikalität seiner Haltung auf. Man könnte geradezu von einem Sog der Radikalität sprechen, dem er sich hingibt und der sich darin äußert, daß er zu unausgesetzter Verschärfung und Übersteigerung zwingt. Man gewinnt den Eindruck, daß er aus innerer Not (Schlaflosigkeit, Verzweiflung, Zerrissenheit, ungestümer Tatendrang und jugendliche Ungeduld) heraus schreibt. Dabei gerät er immer wieder in die Versuchung, Gleichgewichtsstörung, Übermut, Besinnungslosigkeit, Grenzzustände aller Art, Maßlosig-

1 Eine vollständige, unzensierte, von Alain Paruit ins Französische übersetzte Ausgabe liegt vor: *Transfiguration de la Roumanie*, Paris: L'Herne, 2009 (Essais). Die nach 1989 erschienenen rumänischen Ausgaben dieses Buches hat Cioran selbst um einige problematische Stellen gekürzt.

2 Marta Petreu, *Un trecut deocheat sau »Schimbarea la față a României«* [Eine verrufene Vergangenheit oder »Die Verklärung Rumäniens«]. Ediția a II-a, revăzută și adăugită, București: Editura Institutului Cultural Român, 2004. (Context. Eseuri); auch in englischer Übersetzung: *An Infamous Past: E. M. Cioran and the Rise of Fascism in Romania.* Translated by Bogdan Aldea, Chicago: Ivan R. Dee, 2005. – Rezension: Marci Shore (Indiana University), *The Slavic and East European Journal,* Vol. 50, No. 3, Special Forum Issue, 2006, S. 560–561.

keit, Barbarei und Abenteuer, Ekstase und Raserei zu bejahen, zu überschätzen und sowohl lyrisch als auch rückhaltlos aggressiv darzustellen. Diese Grundstimmung, diese Grundhaltung verquickt sich mit geschichts- und religionsphilosophischen Denkmotiven und führt zu einer äußerst eigenwilligen, ja geradezu exzentrischen philosophischen Haltung, der es nicht mehr schwerfällt, sich mit radikalen politischen Ansichten zu identifizieren. Zwar wäre es möglich, die Entwicklung des rumänischen Ultranationalismus der zwanziger und vor allem der dreißiger Jahre des 20. Jahrhunderts parallel zur Entwicklung des Cioranschen Denkens zu untersuchen, doch ist zu bedenken, daß dies erstens sehr aufwendig wäre, zum Teil wegen fehlender Zeugnisse, daß aber zweitens Cioran – etwa im Gegensatz zu Nae Ionescu oder Mircea Eliade – zu jener Art von Literaten und Philosophen gehört, die in ihrer Publizistik nicht oder nur mittelbar auf konkrete politische Entwicklungen Bezug nehmen, weshalb die enge Verknüpfung von politischem Geschehen und Cioranschem Denken nicht besonders ergiebig oder aufschlußreich sein dürfte. In seinen Schriften geht Cioran fast nie auf tagespolitische, eindeutig parteipolitische oder ideologische Zusammenhänge ein, bekennt sich nie ausdrücklich zu bestehenden politischen Organisationen und deren Lehren oder Taten, bekundet fast trotzig seinen Unwillen, sich auf die Ebene des streng genommen Politischen zu begeben. Das heißt jedoch nicht, daß er die-

se politischen Ereignisse und Zusammenhänge nicht wahrgenommen hätte und ein unpolitischer Radikaler gewesen wäre. Er mag sich über Tagesaktualitäten im Gespräch geäußert haben – Cioran gehörte damals schon keineswegs zu den einsamen Eigenbrötlern, zu den wirklichkeitsfremden Grüblern, die sich in den Elfenbeinturm einschließen und dem Öffentlichen aus dem Weg gehen. Im Gegenteil, seine Gegenwart in allen möglichen Kreisen, die Teilnahme an verschiedensten Gesprächen, sowohl in Rumänien wie später auch in Frankreich, fällt immer wieder auf, bedeutet aber nicht, daß er eindeutig Stellung bezogen hätte. Vielmehr scheint er zu einem Denkertypus zu gehören, der es vorzieht, der Öffentlichkeit nur Bruchstücke seiner widersprüchlichen Gedankenwelt mitzuteilen, diese aber in schärfster, zugespitztester, ja schockierender Form darzubieten. Man könnte sagen, daß er zwar äußerst gesellig und gesellschaftlich beweglich, im Innersten aber von einer zutiefst düsteren Stimmung beherrscht war, der er in ekstatischen Ausbrüchen Ausdruck gab: teils um sich davon zu befreien (Cioran war immer ein Denker, der sich durch ästhetischen Ausdruck von der Last inneren Drucks befreien mußte), teils um seine Mitwelt anzustecken, mitzureißen, seelisch zu entzünden, um sich aus der metaphysischen Ur-Einsamkeit, dem Gefangensein in den Grenzen der Individuation, der Hölle des Beliebigen und Sinnlosen herauszusprengen und in ein Übergeordnetes einzuge-

hen. Er hätte vielleicht weiterhin in diesem unauflösbaren Zwiespalt verharrt, wäre vielleicht ein »reiner« Literat oder ein vom Weltlichen kaum berührter Mystiker geblieben, wenn er in einer anderen Zeit oder anderen Umgebung gelebt hätte oder wenn es ihm – wie einigen seiner Zeitgenossen – gelungen wäre, das Politische auf eine andere Weise abzuspalten oder zu integrieren. Doch dem jungen Cioran scheint dieser Ausweg, eine Überhöhung des Ideologischen ins rein Ästhetische, nicht möglich gewesen zu sein. Er vermochte den Zwiespalt und den Machtrausch im Innersten seiner Seele nicht von der als erdrückend erlebten Macht seines zeiträumlichen Ortes in der Welt, von dem Zustand des Landes seiner Geburt zu trennen. Und so geriet er doch recht früh in einen übermächtigen politischen Sog, der sich verhängnisvoll auswirken und Ciorans größte Irrtümer möglich machen sollte. Ein junger Philosoph, der sich unbeheimatet fühlt, träumt von Flammen, von der Rückkehr ins Chaos, von verheerenden, unbezwingbaren Mächten, sehnt sich nach ekstatisch-transzendentem Einssein, ist dabei sowohl außerstande als auch unwillig, sich den überkommenen, überlieferten Glaubenslehren anzuschließen, will alles umgestalten, ja umkrempeln, fühlt sich aber umgeben von einer Mitwelt, die von sozialen Gegensätzen zerfleischt, von Ohnmacht und Korruption gelähmt, von dumpfem Lebenswillen getragen, von gerissener Gewinnsucht getrieben ist. Die zerrüttete und verschärfte wirtschaftliche, ge-

sellschaftliche und politische Lage Groß-Rumäniens Anfang der dreißiger Jahre führte dazu, daß eine unversöhnlich radikale, nationalistische Bewegung eines neuen Typus aufkam, die sich sowohl zur Mystik der orthodoxen Kirche bekannte als auch einen »neuen Menschen« in heroisch-asketischer Sprache verkündete, der die rumänische Gesellschaft von Grund auf umgestalten und erneuern sollte: die 1927 von Corneliu Zelea Codreanu gegründete und angeführte »Legion Erzengel Michael«, die sich nach 1930 auch Eiserne Garde nannte. Diese Bewegung, die wegen ihrer Radikalität und Kompromißlosigkeit mehrfach verboten und damit gezwungen wurde, sich wiederholt umzubenennen und politisch als Wahlpartei neu zu formieren, war straff, beinahe militärisch organisiert, elitär (nicht jeder durfte beitreten), ultranationalistisch, monarchisch, antimaterialistisch, antikommunistisch, antisemitisch, eine Art ethisch rigoristischer Männerbund (obgleich auch Frauen in diesen ordensgleichen Bund aufgenommen wurden), stand Anfang der dreißiger Jahre in offenem Konflikt mit den Regierenden und dem König. Weil die Legion Ende 1933 von den Wahlen ausgeschlossen wurde und man viele Legionäre oft unrechtmäßig verhaftete, verübten drei ihrer Mitglieder einen Mordanschlag auf den Ministerpräsidenten I. G. Duca, wodurch die Verfolgung seitens der Staatsmacht fortgesetzt und verschärft wurde. Verfolgung und Erstarken der Legion gaben dem radikalen Denker Cioran Gelegenheit, seine

Radikalität auch auf nationale politische Ziele zu beziehen und damit seine Glaubensunfähigkeit, seine Zweifelsucht – wenn auch nur teilweise – zu überwinden. An dieser Stelle entzündete sich sein Wille, an einer Erneuerung seines von Rückständigkeit gekennzeichneten, von Korruption und Elend heimgesuchten Landes teilzuhaben. So konnte er einen gewissen Halt finden, und zwar um so mehr, als seine Umgebung, vor allem der Philosophieprofessor Nae Ionescu, der Ciorans Generation maßgeblich prägte, Sympathie für die Legion bekundete. Daß sich Cioran zu einem frühen Zeitpunkt für die Legion begeisterte und vielleicht sogar ordentliches Mitglied wurde, deutet darauf hin, daß wesentliche Denkmotive und Haltungen der Legion ihn angesprochen haben müssen: Zunächst ist an einen Ausbruch aus dem akademischen System zu denken, der ihn von seinem inneren Überdruck, von den Aporien und Paradoxien reinen Denkens befreien konnte; sodann fällt die mystisch-heroische Grundstimmung der Legion auf, die dem zu Höhenflug und Größenwahn neigenden Cioran entgegengekommen sein mag; schließlich mag ihm die Gestalt des Legionsgründers Codreanu persönlich zugesagt haben, der idealistische Ansprüche und entschlossene Tatkraft zu vereinen schien. Jedenfalls war Ciorans Verehrung Codreanus unerschüttert: Er verherrlichte ihn noch 1940.[1] Überdies steht fest, daß

1 Ende November 1940 zollte er in einer Rundfunkansprache Codreanu, der genau zwei Jahre zuvor auf Befehl des Königs ermordet worden war, höchstes Lob.

eine weitere Persönlichkeit im damaligen Großrumänien gewaltigen Eindruck auf den jungen Cioran machte und ihn während der dreißiger Jahre entscheidend prägte: Nae Ionescu. Dies muß beachten, wer Ciorans politischen Entwicklungsweg schärfer nachzeichnen und tiefer begründen will. Nae Ionescu hatte die ganze junge Intellektuellengeneration, allen voran Eliade, maßgeblich angeregt. Zudem schien Codreanu die Idee des Heldentums im politischen Leben zu verkörpern, weshalb seine Ermordung ihn nicht nur in den Augen der Legionäre zu einem Märtyrer machte und ihm Sympathien eintrug. Damit soll nicht angedeutet werden, Cioran sei philosophisch von Nae Ionescu abhängig gewesen, er hätte auch ohne ihn seinen Weg gefunden, aber Ionescus persönliche Präsenz in dieser kritischen und Ciorans Generation prägenden Zeit dürfte tiefe Spuren hinterlassen haben, wenn Cioran ihm auch bei weitem nicht so nahestand wie der wenig ältere Eliade, der diese Generation geistig anführte und trotz aller Eigenständigkeit und Originalität weitgehend dem philosophisch-politischen Wirkungskreis Ionescus zuzurechnen ist. Diese Hinweise sind heuristisch gemeint: Die tieferen geistigen Beziehungen des Wirkungskreises Ionescus und der Legion Codreanus zum jungen Cioran wären – mit allen ihren Unterschieden und Gegensätzen – in geistesgeschichtlicher, stilistischer und psychologischer Hinsicht eingehend zu untersuchen. Und dies unter anderem aus folgendem Grund: Cioran ist Dich-

ter, Literat, Philosoph; Schreiben ist ihm überlebensnotwendig, er *muß* sich schreibend befreien, was ihm unendlich viel schwerer fällt als etwa N. Ionescu oder gar Eliade (deren Produktivität keine Grenzen zu kennen scheint); aber er ist kein typischer Bekenner, er spricht niemals seine ganze innere Wahrheit aus, begibt sich selten auf das Gebiet des Faßbaren, Eingrenzbaren, Einsehbaren oder Nachprüfbaren. Es gibt (sieht man ab von dem »inneren Profil« Codreanus, das Cioran 1940 zeichnet) bei ihm, anders etwa als bei Eliade und anderen Generationsgefährten, strenggenommen keine »legionären« Aufsätze, keine Stellungnahmen zur Tagespolitik, keine Aussagen mit begründendem, bekennendem oder ideologisch faßbarem oder eindeutig zuzuordnendem Inhalt, keinerlei Auseinandersetzungen mit den Zeitgenossen, jedenfalls dann nicht, wenn es um ernsthafte, schwerwiegende oder heikle Inhalte geht. Es gibt höchstens – zuweilen schwer zu enträtselnde – Andeutungen oder Seitenhiebe. Cioran ist Exzentriker: Er legt die Hintergründe seines Denkens, seine tiefsten Überzeugungen nicht offen; nicht nur aus Vorsicht oder Feigheit, sondern aus innerem Antrieb stilisiert, mythisiert, verschleiert, verklärt er. Dabei bedient er sich abwechselnd einer poetischen, philosophischen oder theologischen Sprache. Und gerade diese Sprachform macht ihn zum Verführer, macht ihn gefährlich. Das sei zunächst in stilistischer Hinsicht bemerkt. Und es bedeutet nicht unbedingt Unaufrichtigkeit oder Zy-

nismus, sondern den überstarken Willen zur Formung, zum zeitenthobenen, der konkreten Wirklichkeit entrückten Ausdrucksform, vielleicht sogar zur Form als Kunst. Andererseits aber bedeutet dieser Formwille auch ein Streben nach metaphysischer Erkenntnis, nach dem Sichaustoben oder Entladen auf einer Ebene, die sich allem rational Denkbaren entschlägt, die er aber mit den Mitteln lyrischer und philosophischer Sprache zu erreichen strebt. In methodischer Hinsicht muß daran erinnert werden, daß Cioran in seinem Denk- und Schreibprozeß zahllose Vermittlungsstufen (man möchte sagen: fast vorsätzlich) ausblendet. Deshalb fällt sowohl die Ortung dieser Gedanken und Zustände als auch deren Deutung schwer, obgleich man durch manchen Hinweis ahnt, worauf sie beruhen, worauf sie hinauswollen und wohin sie führen mögen. Dieser hermeneutische Schwebezustand wird besonders akut, wenn Cioran sich der politischen Wirklichkeit annähert, wenn er etwa – es sind die dunkelsten Seiten seines Schreibens – über Hitler oder vor allem über die Röhm-Affäre berichtet und die Fehldeutung der Ereignisse mit hemmungslos elitärem Hochmut unterfüttert. Man fühlt sich etwa an Heraklits oder Nietzsches Haltung gegenüber den »Viel-zu-Vielen« erinnert. Der von Geschichtsphilosophie erfaßte Cioran gleitet unversehens ins Schwärmen, ins Stilisieren und Mythisieren, dann verläßt er auch den Boden des Begreiflichen, gleichsam geblendet von der eigenen Mythopoietik, um ihn erst

dann wieder zu berühren, wenn es darum geht, Lächerlichkeiten, Übelstände oder Verachtetes wiederzugeben. Überspitzt ausgedrückt: Wenn er bewundert, wird er rasend abstrakt, und er verklärt – wenn er verachtet oder haßt, stehen ihm viele Farbtöne zu Gebote, er wird differenzierter. Es wird deutlich: Cioran war und bleibt ein Beobachter und Denker des Negativen. Aber dessen Überwindung drängt ihn stets in die Verklärung und Verherrlichung zurück. Deshalb auch seine »Verklärung Rumäniens«, seiner Heimat (als fernes Ziel), zu deren Schilderung im damaligen Zustand er sich gerade die schärfsten Töne, die düstersten Farben abringt. Daher auch sein Heroenkult und die flüchtige Begeisterung für Hitlers Reich. Cioran erliegt dem Machtrausch, doch befremdlicher mutet an, daß er ihm durchaus erliegen will, als fände er Gefallen daran, daß er sich zu glauben zwingt, wo er doch an nichts mehr zu glauben vermag. An Gott, an die Werte kann er trotz aller gewundenen Versuche und Annäherungen nicht mehr glauben, aber er sinkt in die Knie vor Führergestalten, Helden, Cäsaren, läßt sich von der Wirkkraft der Macht anstecken, von der monumentalen Tragik der Geschichte. Für einen skeptisch angelegten, wenn auch noch so radikal gestimmten Denker müßte das einer Demütigung, einer Kapitulation, einem Zusammenbruch gleichkommen. Und er scheint es sich selbst zu verordnen, schickt sich an, es zu genießen – es reizt ihn aber auch zu erneutem Widerspruch, zu unüberwindlicher Ausweglosigkeit.

Mit seinen Aufsätzen aus den dreißiger Jahren hinterläßt Cioran ein schweres, schwer zu deutendes Erbe. Sein damaliges Denken bewegte sich innerhalb metaphysischer, geschichtsphilosophischer und theologischer Begriffe, die ambivalent sind und eine rationale Deutung deshalb erschweren: Schicksal, Schicksalhaftigkeit, Fatum, das Irrationale, das Unzurückführbare, Barbarei (ein bei Cioran stets schillernder, zweideutiger, ambivalenter Begriff), Prophetismus, Messianismus, Konvergenz (im geschichtlich-gesellschaftlichen Wortverstand, als Sinn oder Ziel der Geschichte) – die aber desto mehr gründlicher Klärung bedürfen. Deshalb ist es vordringlich, nicht nur sein rumänisches Gesamtwerk, sondern auch die intellektuelle Umgebung sowie die Vorläufer einer umfassenden geistesgeschichtlichen und philosophischen Analyse zu unterziehen,[1] um Widersprüche, Irrtümer und Verfehlungen eines zerrissenen individualistischen Denkers aufzuzeigen – eines Denkers, der die Diktatur predigte, ihr aber immer aus dem Weg ging, eines Denkers, der seinen Gedanken stets die paradoxeste, verstörendste und schrillste Form zu geben verstand.

1 In diesem Zusammenhang sei hingewiesen auf die philosophische Untersuchung von Hermann Schmitz, *Adolf Hitler in der Geschichte*, Bonn: Bouvier, 1999. Vgl. auch die Zusammenfassung in ders., *Jenseits des Naturalismus*, Freiburg, München: Karl Alber, 2010 (Neue Phänomenologie, Bd. 14), S. 127–130.

Literatur über Ciorans Entwicklung und die geschichtlichen, politischen und geistigen Zusammenhänge im Rumänien der Zwischenweltkriegszeit:

Grundlegend zu Ciorans Buch »Die Verklärung Rumäniens« (1936) ist vor allem die Monographie von Marta Petreu: *Un trecut deocheat sau »Schimbarea la faţă a României«*, Cluj-Napoca: Biblioteca Apostrof, 1999 (Ianus), zweite, durchgesehene und ergänzte Auflage, Bucureşti: Editura Institutului Cultural Român, 2004 (Context. Eseuri), die auch in englischer Sprache vorliegt: *An Infamous Past: E. M. Cioran and the Rise of Fascism in Romania*. Translated by Bogdan Aldea, Chicago: Ivan R. Dee, 2005. Sehr aufschlußreich ist auch die Anthologie (auch zeitgenössischer) Texte für und wider Cioran: *Pro şi contra Emil Cioran. Între idolatrie şi pamflet* [Zwischen Vergötterung und Pamphlet], Anthologie, Vorwort und Anmerkungen von Marin Diaconu, Bucureşti: Humanitas, 1998. Vgl. auch den Cioran gewidmeten Band der Zeitschrift *euresis. cahiers roumains d'études littéraires et culturelles*, Nouvelle série, No. 2, Été 2005: *Le destin d'Émile Cioran*, in dem einige Aspekte von Ciorans Denken der dreißiger Jahre untersucht werden.

Unentbehrlich zum Verständnis der Legion, aber auch der historischen, wirtschaftlichen und politischen Hintergründe ist: Armin Heinen, *Die Legion »Erzengel Michael« in Rumänien. Soziale Bewegung und politische Organisation. Ein Beitrag zum Problem des internationalen Faschismus*, München: R. Oldenbourg, 1986 (Südosteuropäische Arbeiten, 83). Siehe auch Francisco Veiga, *La mística del ultranacionalismo. (Historia de la Guardia de Hierro) Rumania, 1919–1941*, Bellaterra (Barcelona): Publicacions de la Universitat Autònoma de Barcelona, 1989, Kurzfassung einer vierbändigen Dissertation. Siehe auch die älteren Untersuchungen: Hans Rogger and Eugen Weber, editors. *The European Right. A Historical Profile*. Berkeley and Los Angeles: University of California Press, 1965, darin: Eugen Weber, »Romania«, S. 501–574, und Nicholas M. Nagy-Talavera, *The Green Shirts and the Others. A History of Fascism in Hungary and Rumania,*

Stanford: Hoover Institution Press. Stanford University, 1970 (Hoover Institution Publications, 85).

Zur Entwicklung rechtsextremer Positionen siehe vor allem zahlreiche Quellentexte bei Z. Ornea, *Anii treizeci. Extrema dreaptă românească,* Bucureşti: Editura Fundaţiei Culturale Române, 1995, auch auf englisch: *The Romanian Extreme Right. The Nineteen Thirties.* English Translation by Eugenia Maria Popescu, Boulder: East European Monographs. Distributed by Columbia University Press, New York, 1999 (East European Monographs, No. DXXXII). Vgl. auch die Anthologie *Ideea care ucide. Dimensiunile ideologiei legionare,* Bucureşti: Editura Noua Alternativă, 1994, S. 179–360.

Zur intellektuellen Umgebung, vor allem zu Nae Ionescu und Mircea Eliade: Dora Mezdrea, *Nae Ionescu. Biografia,* I, Bucureşti: Editura Universal Dalsi, 2001; II, Bucureşti: Editura Acvila, 2002; III, IV, Brăila: Muzeul Brăilei. Editura Istros, 2003, 2005; deutsche Zusammenfassung: dies., *Nae Ionescu. Leben, Werk, Wirkung.* Mit zwei Aufsätzen von Mircea Eliade. Aus dem rumänischen Manuskript übers. von Erwin Hellmann, Wien, Leipzig: Karolinger, 2008; dies., *Biobibliografie Nae Ionescu,* Brăila: Muzeul Brăilei. Editura Istros, 2007; *Nae Ionescu în conştiinţa contemporanilor săi. Memorii. Articole. Eseuri. Interviuri. Corespondenţă.* Crestomaţie de Gabriel Stănescu, Bucureşti: Criterion Publishing, 1998; Mac Linscott Ricketts: *Mircea Eliade. The Romanian Roots, 1907–1945,* New York: Columbia University Press, 1988 (East European Monographs, 248).

Weitere Untersuchungen (in chronologischer Reihenfolge):

Alexandra Laignel-Lavastine, *Cioran, Eliade, Ionesco: L'oubli du fascisme. Trois intellectuels roumains dans la tourmente du siècle,* Paris: Presses Universitaires de France, 2002 (Perspectives critiques); vgl. die kritische Besprechung von Alain Paruit, »Comment critiquer Eliade, Cioran et Ionesco?«, *Esprit,* August-September 2002, S. 230–239.

Patrice Bollon, *Cioran, der Ketzer,* Frankfurt am Main: Suhrkamp, 2006 (Erstausgabe: *Cioran, l'hérétique,* Paris: Gallimard, 1997).

Bernd Mattheus, *Cioran. Portrait eines radikalen Skeptikers,* Berlin: Matthes & Seitz, 2007.

Ilinca Zarifopol-Johnston, *Searching for Cioran.* Edited by Kenneth R. Johnston. Foreword by Matei Călinescu. Bloomington, Indiana: Indiana University Press, 2009.

L'Herne. Cioran. Ce cahier a été dirigé par Laurence Tacou et Vincent Piednoir, Paris: Éditions de l'Herne, 2009.